农耕文化与
农业研学研究

许忠裕　黎丽菊　邓国仙 ◎ 主编

中国农业出版社
北　京

基金项目：

广西农业科学院"科技发展基金项目"阶段性成果（项目编号：桂农科 2024ZX30）

广西农业职业技术大学"2024 年校级科研项目"阶段性成果（项目编号：XSK2405）

中国科协"全国科普教育基地品牌活动培育试点项目"阶段性成果（项目编号：2024qmkxsz‑05）

本书编委会

主　　编　　许忠裕[1]　　黎丽菊[2]　　邓国仙[2]

副 主 编　　李　双[1]　　蓝桃菊[2]　　黄　杰[1]　　黄栎伊[1]　　周静华[3]

编　　委　　关妮纳[2]　　欧流英[1]　　陈玉冲[2]　　杨斯惠[1]　　刁　莉[1]

　　　　　　封善坚[1]　　廖羚伶[1]　　朱继园[1]　　何林红[1]　　罗娇梅[1]

　　　　　　李佟劼[1]　　韦懿倩[1]　　甘凌秀[1]　　方　勇[1]　　黄夏梦[1]

　　　　　　付玉春[1]　　黄　铃[1]　　朱　琳[4]　　晏　婕[1]　　赵美荣[1]

　　　　　　王　鑫[1]　　陈泳锨[2]　　黄爱玲[5]　　杨　添[6]

1. 广西农业职业技术大学；2. 广西壮族自治区农业科学院；3. 广西中农富玉国际农业科技有限公司；4. 中共广西区委党校；5. 南宁市第一职业学校；6. 广西农业广播电视学校玉林分校。

前　言

　　农耕文化这一中华文化的根脉，绵延五千年从未间断并不断发展、创新，凝聚着中华文明的内涵和智慧。然而，当下人们对于农耕文化正经历着前所未有的认知重构。农业研学作为连接传统农耕智慧与现代科学认知的桥梁，在近年悄然兴起并展现蓬勃生机，正在全球范围内形成一场静默而深刻的认知革命。这部研究著作的酝酿与诞生，恰逢中国农业农村从传统发展迈向现代化进程的关键期，恰逢加快建设农业强国扬帆起航的新征程，恰逢"十四五"收官与"十五五"启航的新方位，亦处于全球农业面临可持续发展挑战的历史节点。我们有必要以历史维度追溯其源流，从战略全局把握其方向，用时代视角开拓其未来。

　　在历史维度之上，农耕技术演进与社会形态变革呈现出深层互动，从甲骨文的"田"字构型到《齐民要术》的系统农学，从汉代的"代田法"推广到民国的乡村建设运动，农耕文化呈现出一条清晰的认知进化轨迹。就战略维度而言，在全球化退潮与地缘冲突加剧的背景下，当我们站在人类文明演进和中华民族伟大复兴的宏大视角下重新审视农耕文化，会发现其"应时、取宜、守则、和谐"的哲学理念，不仅传承着中华民族五千多年的生存智慧，更蕴含着解决当代农业产业链安全的文化密码。

　　进入当今时代，数字经济和人工智能技术赋予农耕文化以动态发展的生命力，助力农耕文化突破传统范畴形成多学科交叉的创新矩阵，而农业研学在此过程中扮演着文化解码器的角色，将散落在农谚、民俗、技艺中的隐性知识转化为可传播、可验证的显性知识。更值得关注的是，年轻一代通过研学活动重新发现农耕文化的当代价值，他们用短视频传播农事知识，用社交媒体组织 CSA（社区支持农业），形成了新时代农耕文明传承和中华优秀传统文化传播的新范式。

农耕文化与农业研学在当代的相遇、相交、相融，使农业不再是传统的经济行为，而是成为文化科普和文明传承的活态载体。以农业研学为媒，促进农耕文化基因转化为新质生产力内核，在农业强国和乡村振兴战略实施过程中重新发掘农耕文化的适应性智慧，重新塑造农耕文化的新时代价值，是一场文明基因的现代性表达，具有超越农业本身的文化意义。

广西农业职业技术大学与广西壮族自治区农业科学院的相关研究团队，近年来致力于农耕文化传承在广西推进乡村振兴中的价值耦合与创造性转化研究，并在整合广西"八桂田园"全国农业科普示范基地、广西"五彩田园"中农富玉科普教育基地丰富的特色农业和研学科普资源优势的基础上，实践打造了以全国科普教育基地为课堂、突出现代农业科普内容的开放型区域产教融合实践中心和"田野思政嘉年华"农耕文化科普品牌。本书是集合了多年研究与实践的成果，是广西农业科学院"科技发展基金项目"（项目编号：桂农科 2024ZX30）、广西农业职业技术大学"2024 年校级科研项目"（项目编号：XSK2405）、中国科协"全国科普教育基地品牌活动培育试点项目"（项目编号：2024qmkxsz－05）的阶段性成果。

本书农业研学活动案例的集成和课程化开发，还得到了广西"五彩田园"中农富玉科普教育基地多家合作机构、多位研学导师的大力支持，在此一并致谢。本书在编写过程中，难免存在一些疏漏与不足，在此恳请广大读者提出宝贵意见。

主编　许忠裕

2025 年 6 月 1 日

目　录

第二篇　农业研学

第三篇　推进广西农耕文化与农业研学互促发展的对策建议

第一篇　农耕文化

第一章
农耕文化的总体概述

第一节 传统农耕文化的概念

农耕是人类早期的生产方式之一，也是人类社会由蒙昧走向发展的文明基础。我国作为世界上最大的农业国家之一，历经数千年的农耕实践，孕育出底蕴深厚的农耕文化，不仅对我国居民的生活产生了深远影响，也为全球农业发展贡献了宝贵经验。

一、传统农耕文化的内涵

传统农耕文化，是指人们在长期农业生产实践中逐渐形成并传承下来的一种以农业生产为核心，涵盖思想观念、道德规范、行为习惯和社会制度等多方面内容的文化形态。它根植于中国独特的自然地理环境和历史时代背景之中，强调与自然的和谐共生，体现了"天人合一"的哲学思想，是中华优秀传统文化的重要组成部分，也是构建中华民族核心价值观的重要精神文化资源。

农耕文化的核心内涵可以概括为"应时、取宜、守则、和谐"八个字。"应时"指的是农耕生活按照自然节律和农业生产周期来安排，强调了农业生产与自然节奏的同步性、规律性与周期性。"取宜"强调了根据不同土壤、地貌、季节与作物特点，采取不同的种养经营方式，体现了农业生产的灵活性和适应性。"守则"强调的是在农业生产中要遵守和把握一定的规律与传统，从而保证农业生产的稳定性和可持续性。"和谐"是农耕文化的核心理念，指出了人与自然的和谐共存，以及农业生产内部各要素之间的平衡性。这些特点体现了我国传统农耕文化与自然环境和谐共生的理念，以及农业生产活动的周期性、规律性与适应性。古代的人们正是根据这些特点，指导着农业生产实践，而这一过程也深刻影响着我国的传统文化、社会发展和哲学思想，进而形成了独具特色的中华农耕文明。

二、传统农耕文化的起源

我国农耕文明历史悠久，源远流长，可追溯到约一万年前的新石器时代。

这一时期，我国原始部落生活方式逐渐由采集狩猎向农业生产过渡，开始种植稻谷、小麦等野生作物以及驯化狗、猪、鸡、牛等野生动物。这一过程可称为原始社会的"农业革命"，它彻底改变了人类社会的生产生活方式。古代原始农业呈现"多元起源、动态交融"的特点，黄河流域和长江流域分别孕育了不同的农业文明。随着夏、商、周等朝代的建立，中华农耕文明的基本特质逐渐定型，传统农业的基本要素也初步具备。从春秋战国时期开始，我国进入了古代农业文明的崛起阶段。这一时期，铁制农具和畜力的使用、水利工程的兴修、作物品种的发现和传播以及农业科技的创新与普及，极大提高了农业生产水平与发展规模。到秦汉、盛唐、宋元、明清等时期，我国的农业文明不断演变，形成了独具特色的农耕文化和生产方式。

我国农业生产发生最早的地区在黄河流域和长江流域。考古学研究表明，黄河流域的磁山文化和裴李岗文化距今约8 000年，遗址中发现大量粟类作物及石斧、石刀、石磨盘等农具，还出土了猪、狗、鸡的遗骸，表明当时已形成农牧混合型经济。此后的仰韶文化、马家窑文化、大汶口文化和龙山文化等进一步印证了黄河流域是我国农业起源的重要区域。长江流域的农业生产可追溯至距今约1万年的新石器时代早期，浙江上山遗址、湖南玉蟾岩遗址和江西万年仙人洞遗址出土的稻作遗存，证明该地区是稻作农业的发源地之一。距今约7 000年的河姆渡遗址和距今约5 000年的良渚文化遗址出土的骨耜、石犁、石镰等农具，以及良渚古城复杂的水利系统，显示长江流域的稻作农业技术在当时已经成熟。这些考古学发现，充分证明长江流域与黄河流域共同构成了中国农业文明的"双核起源"。

传统农耕文化的形成离不开两大要素，一是自然地理环境，二是生活方式与传统文化。长江、黄河流域的自然条件得天独厚，土壤疏松肥沃，气候温和，地势平坦，且雨水充沛，为原始农业的生产实践提供了有利条件，也使得以农耕为生的民族得以长期固定繁衍生息。在长期的生产实践中，农耕民族逐步形成了较为固定的农业生产方式，从原始的"刀耕火种""轮作抛荒"发展到"精耕细作"。随着一代代的传承与发展，农耕文化不断高度发展、异彩纷呈。

三、传统农耕文化与中国古代哲学理念

我国传统哲学思想以农耕为背景，启蒙于原始社会对自然的认识与崇拜，古代传统农耕文化的显著特征之一则是包含着某种富于哲理性的学说思想，其核心是论述天、地、人三者之间的辩证关系。自古以来，人们便追求农业生产和农事活动与天、地、人之间的和谐统一与高度协调。因而有诸如"天人合一""天时地利人和"等古代农学思想观点。在《荀子·天论》中也有相关的

记载，"天有其时，地有其财，人有其治，夫是之谓能参"，要求天、地、人三者有机协调、互为一体，方可达到理想效果。古人在从事农业生产实践的过程中，逐渐形成了关于处理人与自然生态环境关系的观点学说，这些观点经过不断总结，流传至今，主要集中体现于对几种自然观的认识上。

一是"三才"观。"三才"思想是中国古代哲学与农耕文化中的核心思想之一，主要讲述的是天、地、人的变化及其相互关系，即"人"是农业生产实践的主体，"天"和"地"则共同构成了农业生产的环境条件。这一思想是人们在长期农业实践的基础上形成的，并反过来支配和指导我国传统农业科技的发展。《吕氏春秋·审时》中提到："夫稼，为之者人也，生之者地也，养之者天也。"明确指出了天、地、人是农业生产中的三要素，"稼"指的是农业生产的对象，"人"是农业生产者，"天""地"则指农作物赖以生长的阳光、空气、土壤、水分、气候等环境条件。人们运用"三才"理论解释农业生产活动中各种要素之间的辩证关系，要求人们在农业生产实践中避免与自然对抗，遵循客观自然规律，协调处理并加以利用。

二是农时观。古代农事生产大都主张"勿失农时""不违农时"。早在《尚书·舜典》中就有"食哉惟时"的观点，表明掌握农时是解决民食的关键。《吕氏春秋》中提到："春气至则草木产，秋气至则草木落。产与落，或使之，非自然也。故使之者至，物无不为；使之者不至，物无可为。古之人审其所以使，故物莫不为用。"阐明了草木生长受到四季气候变化的影响，春气到来草木生长，秋气到来草木凋零，告诉人们农事生产要学会掌握节气变化的规律。遵循这一原则，古人使用传统历法、二十四节气总结了四季更替和作物生长规律，以此安排农事，指导农业生产，其中心原则就是要把握农时规律。

三是地宜观。土地是传统农业生产中最为重要的物质条件，它所能提供的作物生长所需养料和水分至关重要，因此传统种养往往讲究因地制宜。《吕氏春秋》中提到"五种之于地也，必应其类，而蕃息于百倍"，说明五谷种植须因地制宜，方有高收成。《周礼·地官》有"以土宜之法，辨十有二土之名物，以相民宅，而知其利害，以阜人民，以蕃鸟兽，以毓草木，以任土事"的说法，指出农业生产者应懂得辨别各类型土质，以便达到种养最佳效果，人们安居之地也要考虑趋利避害，择宜而居。战国时期，孟子在谈农业经营模式时，认为"五亩之宅，树之以桑，五十者可以衣帛矣；鸡豚狗彘之畜，无失其时，七十者可以食肉矣；百亩之田，勿夺其时，数口之家可以无饥矣"，提出要按照宜农则农、宜林则林、宜牧则牧、宜渔则渔的原则，因地制宜全面发展农林牧渔生产的思想。

四是休养观。早在《孟子·告子上》一书中，古人就对林木破坏的教训进行了总结，提出"苟得其养，无物不长；苟失其养，无物不消"。班固在《汉书·货殖列传》中强调"顺时宣气，蕃阜庶物"，意为顺应自然而有所获取。《孟子·梁惠王上》中有主张"数罟不入洿池，鱼鳖不可胜食也；斧斤以时入山林，材木不可胜用也"。《吕氏春秋·义尝》中更是有"竭泽而渔，岂不获得，而明年无渔；焚薮而田，岂不获得，明年无兽"，明确提出反对"竭泽而渔""焚薮而田"等，强调农事生产要注重休养生息，才能实现可持续发展，生生不息。

中国古代农业发展与生态环境、生物学之间存在着紧密的内在联系，背后蕴含着深刻的哲学思想。人们十分注重对自然规律的认识、把握与运用，进一步表明人们对自然认识水平和支配能力的提高，是农业生产不断进步的重要体现。

第二节 ┃ 农耕文化传承与保护的意义

中华文明根植于农耕文明，农耕文化是中华优秀传统文化的根基。数千年来，中国农耕文化虽历经艰难，却始终绵延不绝。传承和保护优秀农耕文化，对延续中华文明火种、推动文化强国建设和农业强国建设、实现乡村全面振兴等，具有重要的现实意义和深远的指导价值。

一、农耕文化的重要价值

我国是一个农业大国，农耕文明博大精深、源远流长，凝聚着中华民族的思想智慧和精神追求，成为中华文明的重要组成部分。农耕文明的地域多样性、历史传承性和乡土民间性，不仅赋予其历久弥新、不断发展的活力，也推动了中华文化绵延不断、长盛不衰。农耕文化作为农耕文明的重要内容，是农业生产实践活动所创造出来的与农业有关的物质和非物质文化的总和，它不仅记录了人与自然和谐共生的经验，也塑造了中华民族勤劳朴实、尊重自然的价值观，农耕文化的深厚底蕴为现代社会提供了宝贵的精神财富，成为连接过去与未来的重要纽带，对推动社会进步与经济发展具有重要意义。

农耕文化作为独特的文化形态，是"三农"发展的重要资源和特色优势。开发和利用农耕文化，将传统农耕技术与现代农业科技相结合，能够生产出具有地方特色和高品质的农产品，提升农产品的附加值和市场竞争力。此外，深入挖掘农耕文化的精髓，通过开展各类丰收节庆活动、开发农耕文化体验研学、建设农耕文化主题公园和农家乐等，展现中华文化的历史积淀和独特魅力，推动农耕文明与现代文明有机结合，不仅能够带动农业、农产品加工等相关产业的发展，创造更多的就业机会，增加农民收入，进而推动"三农"经济的发展，还能促进城乡公共文化服务体系的一体化建设，为乡村注入新的活力和动力，缩小城乡差距，为实现共同富裕奠定坚实基础。

二、农耕文化传承与保护面临的挑战

当前，伴随着工业化、城镇化的快速发展，我国正处于社会经济的深刻转型期，农耕文化的保护与传承面临着诸多挑战。

一是现代农业技术文明的冲击。工业化和城市化的快速发展对农村产生了深远影响，也对农耕文化造成了巨大冲击。工业化的进程逐渐瓦解了小农业生产经营体系，打破了农民自给自足、自产自销的生产经营模式，推动了农业生产方式的根本性转变。例如，大型集约化动物养殖和大规模单一作物种植的普及，打破了原有的生态平衡和市场规律。与此同时，农业现代化技术的推进使农业生产向规模化、集约化方向发展。农业机械以及化肥、农药等的广泛使用，虽然大幅度提高了生产效率，但也导致大量劳动力从土地中解放出来，涌入城市。这一过程中，传统农业生产技艺逐渐流失，进而引发了一系列新的社会与生态问题。

二是人们生存环境变化。农耕文化的表达、传播与传承依赖于特定的载体。然而，随着社会转型的加速，乡村人口大量外流、乡村文化设施欠缺、传统村庄衰落等问题日益凸显，致使传统农耕文化传承载体不断减少和流失。这种变化使得人们在传统乡村社会中基于共同劳动和生活而形成的民风民俗活动逐渐淡化，导致农耕文化遗产传承面临危机。具体而言，农耕文化传承与保护的困境不仅体现在农具、农技、农学经验以及民风民俗的消失上，还表现为传承人口日益减少，代际断层明显，传承途径缺乏创新等问题。这一系列问题使得农耕文化正陷入无处安放、无人传承、无处可寻的多重困境。

三是现有政策法规对农耕文化的保护力度不足。农民作为农耕文化传承与保护的关键主体，其积极性在现有制度体系下未能得到充分调动。加之大量农民外出务工，导致农村土地抛荒现象日益严重，这给农耕文化的传承带来极大阻碍。此外，部分地区为追求经济利益，过度开发旅游资源，使得很多农耕文化资源遭到严重破坏。由于相关法律制度体系不够完善，农耕文化传承与保护缺乏明确的法律依据用以规范具体行为，在实际操作中面临诸多困难。

与此同时，年轻一代深受网络思潮影响，农耕文化在教育课程体系中的融入也面临多重挑战：在课堂"失声"、校园文化氛围不足、社会实践教育缺失等问题普遍存在，导致农耕文化传播与普及力度远远不足。

总而言之，在社会转型的进程中，农耕文化的加速消亡是一个错综复杂的社会现象，涉及政治、经济、文化、教育等多个层面，受诸多因素综合影响。只有深刻认识传承与保护农耕文化的重要性，并采取切实有效的措施，才能确保这一优秀传统文化得以延续，为后代留下宝贵的精神文化遗产。

三、农耕文化传承与保护的意义

农耕文明孕育形成，历经岁月传承至今，留存下数量可观、形态多样、内涵丰富的文化遗产。这些遗产蕴含着人与自然和谐共生的传统智慧，在保障供给、保护生态、传承文化、就业增收等方面发挥着积极作用。在新时代，传承与保护农耕文化有着极为重要的意义，能够为建设文化强国和农业强国提供智慧滋养和力量支撑。

传承与弘扬文化价值。农耕文化作为中国农民在长期实践中积累的智慧结晶，是我国农业文明的重要组成部分，集中体现了中国传统农耕社会的精神特质和文化风貌。其内涵丰富，既包含传统农业技艺、农耕节庆风俗、农学思想体系，也涵盖乡村治理智慧与生态伦理观念。从各具特色的宅院村落到巧夺天工的农业景观，从充满乡土气息的节庆活动到丰富多彩的民间艺术形式，从耕读传家、父慈子孝的祖传家训到邻里守望、诚信重礼的乡风民俗，这些珍贵的文化遗产不仅系统记录了我国"三农"发展的历史脉络与传统，更承载着深厚的历史价值与人文精神。它们不仅赋予了中华文化鲜明的特征，更是中华文化延绵不绝的重要根基。

指导生态环境与生物多样性保护。农耕文化中的农业生产理念强调整体、协调和良性循环，提倡因地制宜、少用化肥农药，这有助于避免环境污染、保护生物多样性、维护生态系统的平衡性与稳定性。农药化肥的过度使用，导致农村生产生活环境恶化，因而传统农耕文化的生态理念对当下的农业生产方式具有现实指导意义。

促进社会进步与发展。农耕文化承载着勤劳致富、勇于拼搏、尊重自然等丰富的价值观念和精神风貌，是人们共同的精神信仰和行为准则，对于美丽乡村建设、培育乡村精神文明等具有重要的引领作用。传统建筑、民俗习惯等乡村文化是传承农耕文化的重要载体，具有保护乡村记忆、提升凝聚力和传承"三农"智慧的重要作用。此外，挖掘农耕文化精华，发展休闲农业与生态旅游，可以带动相关产业发展，增加农民收入，促进经济发展。

农耕文化传承与保护的意义在于维护文化多样性、促进生态文明建设、推动经济社会发展以及保障农民利益等，这不仅体现了对过去文化的尊重，也为未来的可持续发展奠定了基础。

四、农耕文化的创造性转化和创新性发展

从旱作梯田、稻鱼共生的农耕技术，到节气时序、天时地利的农耕经验；从庭院民宅、古村深巷的农耕景观，到耕读为本、邻里守望的农耕文化……农耕文明熠熠生辉，生生不息。建设人与自然和谐共生的现代化国家、打造社会

主义文化强国，应当加强对农耕文化的传承与保护，在与时俱进、推陈出新的过程中发掘其时代价值，积极推动农耕文化的创造性转化与创新性发展，让传统农耕文化在新时代绽放新的光芒。

构建农耕文化传承保护体系。一是开展全面调查摸底，完善调查记录体系。成立专门的农耕文化保护工作领导小组，统筹协调相关资源，组织专业力量开展农耕文化资源普查工作。全面摸清各地区农耕文化资源的种类、数量、分布状况、生存环境及保护现状等。在此基础上，深入调查、甄别、筛选出具有重要文化价值和历史意义的重点资源，将其列为优先保护对象，明确传承与保护方向和具体措施。同时，加强各地区农耕文化资源的整合与共享，推动其依法向社会开放，进一步加强档案和记录成果的社会利用效能，为后续研究与保护工作提供坚实基础。二是制定保护名录，完善代表性项目制度。重点围绕自然农业生态资源、农业生产方式、农业农村传统习俗等核心要素，建立农耕文化保护名录，并构建科学合理的代表性项目分类体系。充分利用信息技术手段，全面、真实、系统地采集和记录各类项目的种类、表现形式、核心技艺及传承实践情况等关键信息，妥善保存文字、图片、音频、视频等记录成果，建立完善的数据库，为农耕文化的传承和保护提供有力支撑。三是完善传承人制度，强化梯队建设。健全省级、市级、县级代表性传承人认定与管理制度，以传承为核心，审慎开展推荐认定工作。加强对代表性传承人的评估和动态管理，完善退出机制，确保传承人队伍的活力与专业性。同时，注重传承梯队建设，推动传统传承方式和现代教育体系有机结合，拓宽人才培养渠道，不断壮大传承队伍，确保农耕文化传承后继有人。

健全农耕文化保障制度体系。农耕文化的传承与保护需要各级政府、社会组织和乡村居民共同努力。各级政府应高度重视农耕文化遗产传承与保护工作，正确认识其重要性，并积极支持成立农耕文化保护协会，充分发挥其在组织协调、整合资源等方面的作用。同时，鼓励企事业单位在合法合规的前提下，合理利用农耕文化资源，形成有利于保护传承的体制机制和社会环境。制定相关政策和措施，构建完善的制度体系，加大政策支持力度，创新政策支持方式，为农耕文化的保护、传承和发展提供有力保障。政府应组织相关部门进一步加强财税金融支持，加强经费统筹管理，提高资金使用效益，确保资金投入的科学性与合理性。健全多元投入机制，支持和引导公民、法人和其他组织通过捐赠、资助、依法设立基金会等形式参与农耕文化遗产的保护传承，拓宽资金来源渠道。加强农耕文化保护传承工作专业队伍建设，完善人才培养机制。通过院校教育、职业培训、实践锻炼等多种方式，培养一批既懂专业知识又具备实践经验的农耕文化保护与传承人才，为相关工作提供坚实的人才支撑。同时，建立农耕文化保护工作考评制度，对农耕文化资源保护工作开展情况及相关资金使用情况进行检查考评，发现问题及时整改，确保各项工作落到实处，推动农耕文化传承与保护工作持续、健康发展。

推动农耕文化创造性转化与创新性发展。新时代，要让农耕文化"活"起来，就要切实转变观念和思路。一方面，要将优秀农耕文明与现代文明深度融合，促进现代科技与传统农业有机结合。这不仅能为农业强国建设注入强大助力，也能为中国式农业农村现代化赋能，充分彰显农耕文化的时代价值。另一方面，要深入挖掘优秀传统农耕文化所蕴含的人文精神，将农耕文化"融"入乡村建设与发展。在让广大农民就地享受现代生活的同时，赋予农耕文化新的时代内涵。将农耕文化与乡村旅游发展、乡村产业振兴紧密结合，实现协同发展。例如开发以农耕体验为主题的乡村旅游项目，使游客亲身参与播种、收割等农事活动，强化现实体验。注重生态产业化和产业生态化，把农耕文化理念融入乡村建设与现代生活，助力培育文明乡风、良好家风、淳朴民风，改善农民精神文明风貌，提高乡村社会文明程度，从而推动乡村振兴进程，实现乡村全面发展和繁荣。

加大农耕文化的传播普及力度。首先，要把优秀农耕文化融入国民教育课程体系。在中小学阶段，开设农耕文化特色课程，在课程教材中融入农耕文化内容；同时，鼓励学校组织内容丰富、形式多样的活动，如农活体验、农业研学以及传承教育活动，支持农耕文化遗产传承人参与非物质文化遗产教学活动。在高校层面，加强农耕文化与思政教育、劳动教育、生产实践教学以及研学体验等相结合，积极探索有效路径，优化课堂教学设计，充分发挥课堂教学主渠道的育人作用。其次，利用新媒体平台，制作和传播农耕文化相关短视频、图文故事等，吸引年轻一代关注；开发农耕文化主题的在线教育资源，增强学习趣味性和学生参与度；推进农耕文化数字化，搭建数字化新场景，利用虚拟现实、增强现实技术打造沉浸式体验项目。再次，开展具有农耕农趣农味的群众性文化体育活动，如中国农民丰收节系列活动等，增强文化影响力。推动农文旅深度融合，开发农耕文化体验游路线。通过一系列措施，多渠道开展既有深厚底蕴又"接地气"的农耕文化教育，有助于增强青年学生的文化自信，培养其艰苦奋斗的优良品质，推动青年学生践行社会主义核心价值观，让更多学生在增长农业知识中厚植大国"三农"情怀。

传承农耕文化，既要强化保护，又要注重开发。古老的农耕文明不仅深刻影响着我国的历史进程，也指引着我们未来的方向。在建设文化强国、农业强国过程中，加强农耕文化传承与保护具有重要的现实意义和紧迫性。我们应深入发掘农耕文明的现代价值，推动优秀传统农耕文化的创造性转化和创新性发展，为强国强农注入深厚的文化动力。

第二章
农耕文化的类型特征

第一节 | 农耕文化的资源类型

农耕文化，作为农民在长期农业生产实践中逐渐形成的一种文化体系，资源类型丰富多样，大致可以分为农耕物质文化、农耕精神文化等类型。

一、农耕物质文化的具体类型

农耕产品：如粮食作物、蔬菜、水果等，这些产品不仅是农业生产的结果，也是农耕文化的重要组成部分。

农耕器具：包括传统和现代的生产工具，如犁、耙、镰刀、水车等，这些器具见证了农耕技术的发展和进步。

农耕技术：如轮作、间作、套种等种植技术，以及灌溉、施肥、病虫害防治等农业技术，这些技术体现了农民的智慧和勤劳。

农耕方式：根据不同的地理环境和气候条件，形成了各具特色的农耕方式，如南方的稻作农业和北方的旱作农业。

农业水利工程：如都江堰、灵渠等古代水利工程，这些工程不仅解决了灌溉问题，也体现了古代劳动人民的智慧和创造力。

贮藏方法：如风干、腌制、窖藏等，这些贮藏方法延长了农产品的保存期限，也丰富了农耕文化的内涵。

二、农耕精神文化的具体类型

农趣体验：如捉泥鳅、插秧、收割等农事活动，这些体验让人们亲身感受到农耕的乐趣和艰辛。

农耕艺术：如年画、剪纸、泥塑等民间艺术，这些艺术作品中常常蕴含着农耕文化的元素和符号。

农食：包括传统的饮食习惯和烹饪方法，这些饮食习惯和烹饪方法反映了农民的生活方式和文化特色。

农贸：如集市、庙会等贸易活动，这些活动不仅是商品交换的场所，也是农耕文化交流的平台。

农居：如木屋、土坯房等传统民居建筑，这些建筑体现了农民的居住习惯和文化传统。

农事崇拜：如农神崇拜、土地神崇拜等，这些崇拜活动反映了农民对自然的敬畏和感激之情。

农业政策与制度：如古代的重农抑商政策、土地制度等，这些政策和制度对农耕文化的发展产生了深远的影响。

农学思想与农书：如《齐民要术》等古代农学著作，这些著作记录了古代农耕文化的知识和智慧。

礼仪与习俗：如婚丧嫁娶、节日庆典等民俗活动，这些活动体现了农民的道德观念和社会规范。

三、其他类型

除了上述两类资源外，农耕文化还包括一些其他类型的资源，如与农耕相关的民间传说和故事等。

概括而言，农耕文化的资源类型丰富多样，既包括具体的物质形态，也包括抽象的精神文化因素。这些资源类型共同构成了农耕文化的独特魅力和深厚底蕴。

第二节 │ 农耕文化的主要形态

农耕文化在不同地区、不同历史时期呈现出多种形态。这些形态不仅反映了人类社会的发展和变迁，而且也体现了人类与自然环境相互作用的关系。

一、原始农耕文化

原始农耕文化作为人类最早形成的农耕文化形态，以简易的农耕工具和耕作方式为特征。这一文化形态与人类早期的定居生活密切相关，标志着人类发生了从游牧生活向定居生活的历史性转变。在这一发展阶段，人类开始尝试在固定的土地上播种作物、驯化野生动物，这标志着人类对自然资源的利用迈出了决定性的一步。然而，原始农耕文化并非完全取代采集和狩猎等原始生产方式，而是呈现出复合型生产模式的特征：人们在依靠自种作物与驯养动物的同时，仍会从自然界中采集野果、狩猎野兽以补充生活所需，展现了人与自然初步的和谐共生状态。以河姆渡文化为例，该遗址（位于浙江余姚河姆渡村）出土的考古遗存为我们提供了距今约 7 000 年前的原始农耕文化实证。考古发现显示，河姆渡先民已掌握磨制石器技术，使用骨耜、石耜等农具进行水田耕作，其栽培稻遗存是世界上发现的最古老的人工栽培稻之一。为适应南方湿润多雨的气候，河姆渡人还建造了干栏式建筑，并成功驯养猪、狗、水牛等牲畜。这一农耕文化形态生动展示了人类早期在固定的土地上播种作物、驯化野生动物的生活方式。

二、传统农耕文化

传统农耕文化是在长期历史演进过程中形成的文化形态，具有稳定性和延续性特征。这一文化形态在许多地区持续传承千年之久，成为人类文明发展的重要基石。传统农耕文化注重农耕经验的积累和传承，强调人与自然的和谐共生。它不仅仅是一种生产方式，更是一种生活方式，体现了人与土地、季节和自然规律的深刻联系。在传统农耕文化体系中，农耕经验的积累与代际传承被视为至宝。老一辈的智慧与技艺通过口口相传、手把手教的方式传递给年轻一代。同时，人与自然和谐共生的理念深深根植于这一文化传统中。人们遵循着季节更替、土地特性等自然规律，发展出精耕细作的生产方式。这种顺应自然的生产实践，不仅形成了独特的农耕技术体系，更塑造了人类对自然的敬畏之心，建立起人类与土地之间深厚的情感联结。例如，在我国传统农耕文化中，二十四节气是重要的时间指南，至今仍在指导着农事活动。"谷雨前后，种瓜点豆"，谷雨时节天气转暖、雨量增多，正是播种瓜类和豆类作物的好时机。农民们依据节气安排农事：春季播种、夏季耕耘、秋季收获、冬季贮藏，年复一年，遵循着自然规律。

三、现代农耕文化

现代农耕文化是在工业化、城市化等现代化进程中形成的新型农耕文化形态。随着科技的进步和经济的发展，这一文化形态在很多方面都发生了深刻变革。它不再局限于传统的耕作模式，而是更注重科技的应用和农业生产效率的提高，同时强调农业的可持续发展和生态保护。它不仅追求产量的最大化，还关注环境保护和资源的合理利用，以确保农业的长期稳定发展。它倡导在不破坏自然环境的前提下，充分利用自然资源，以确保人类能够持续享受大自然的馈赠。例如，在城市周边，许多集观光、采摘、科普教育于一体的都市农业园区应运而生。这些园区采用现代化的种植技术，如无土栽培、智能温室等，种植各类新鲜蔬菜、水果，一方面满足了城市居民对绿色农产品的需求，另一方面则通过开展观光旅游活动，为城市居民提供了亲近自然的机会，同时也增加了农民收入，体现了现代农耕文化在产业融合和可持续发展方面的新活力。

第三节 | 农耕文化的基本特征

农耕文化作为一种源远流长、底蕴深厚的文化形态，是人类在与自然长期相互作用过程中形成的独特智慧结晶。它具备一系列显著而独有的特征，这些特征不仅深刻塑造了农业社会的生活方式与文明形态，还对人类文明的发展轨迹产生了深远影响。

一、地域性特征

农耕文化具有鲜明的地域性，这是自然环境、历史传统以及社会习俗等多重因素共同作用的结果。不同地域的农耕文化，在农作物种植选择、农耕技术应用、农事活动安排以及节日庆典举办等方面，都呈现出各自独特的风格和特点。这种地域性差异，不仅反映了人类对自然环境的适应和利用能力，也体现了不同地域文化之间的多样性和独特性。例如，北方的旱作农业与南方的水田农业，在耕作方式、作物种类、农具使用等方面都存在显著差异，这些差异共同构成了农耕文化地域性的丰富内涵。

二、季节性特征

农耕文化与季节变化紧密相连，这是由农业生产的自然时序性所决定的。在不同的季节，农耕活动衍生出不同的习俗和仪式。这些习俗和仪式，既是人们对自然规律的深刻认知与尊重，也是人类对时间流转、季节更替敏锐感知的生动体现。农事活动的周期性特征，塑造了农耕文化特有的时间认知范式。春季的播种、夏季的耕耘、秋季的收获、冬季的贮藏，不仅构成了四时有序的生产循环，更形成了"敬天顺时"的价值体系。这些季节性特征，赋予了农耕文化鲜明的时间节奏感和韵律感，生动地体现了人类对自然界的敬畏，以及顺应自然的智慧。

三、传承性特征

农耕文化是一种历史悠久的文化形态，其传承性是其得以延续和发展的关键。农耕文化的传承，不仅体现在农耕技术和经验的代代相传上，更体现在农耕习俗、信仰、节日以及与农业相关的各种文化元素的传承中。这种传承机制，确保了农耕文化的连续性和稳定性，使农耕社会的智慧和经验得以不断积累和传播。在中国的农耕文化中，许多传统的农耕技术和经验被世代相传。例如，水稻的插秧技术、土壤的耕作方法以及农作物的病虫害防治等，这些经验都是农民们长期实践总结出来的宝贵财富。同时，农耕习俗和信仰也在传承中得以保留。比如，一些地区在春耕前会举行祭龙仪式，祈求风调雨顺；在秋收后会举行庆丰收仪式，感谢神灵的庇佑和土地的恩赐。这些习俗和信仰的传承，确保了农耕文化的连续性和稳定性，使得农耕社会的智慧和经验得以不断积累和传播。

四、多样性特征

农耕文化的多样性是其最为显著的特征之一。由于地域、民族以及社会经济状况等因素的差异，农耕文化呈现出极为丰富的多样性。这种多样性不仅体现在农耕技术的差异上，更体现在农耕制度、农耕信仰、农耕艺术以及农耕生活方式等多个方面。不同地域的农耕文化相互交流、相互借鉴，共同构成了人类文明的多元格局。在中国南方，水稻是主要的农作物，因此形成了精耕细作的稻作农耕制度；而在北方，小麦、玉米等旱作物是主要农作物，因此形成了粗放的旱作农耕制度。在农耕信仰方面，不同地区也有不同的神灵崇拜和祭祀仪式。如一些地区崇拜土地神，认为土地是万物之母，因此会定期举行祭土地仪式；而另一些地区则崇拜水神，认为水是生命之源，因此会举行祭水仪式。此外，在农耕艺术方面，不同地区也有独特的民间艺术和手工艺传统。如中国的剪纸、泥塑、刺绣等民间艺术，都与农耕生活密切相关，反映了农民们的审美情趣和生活智慧。这些多样性不仅丰富了农耕文化的内涵和外延，也为人类文化的多样性提供了宝贵的基础。

第三章
农耕文化赋能乡村振兴的实践探索

第一节 云南普洱古茶林茶文化赋能乡村振兴的实践探索

茶文化源远流长，是中华传统文化体系中具有独特历史地位和时代价值的一颗璀璨明珠，具有鲜明的乡村文化特色，在赋能乡村振兴中发挥着举足轻重的作用。我国茶产区很多，具有十分丰富的非物质文化遗产、物质文化遗产和两者兼具的茶文化系统。目前已知全世界最古老的野生茶树生长在云南普洱市；千百年来，生活在普洱市的各族人民与茶相伴、以茶为生，谱写了一部通行世界的中国茶史，其形成的古茶林茶文化系统更是成为人与自然和谐共生的智慧典范。

一、基本情况

普洱市位于云南西南部，热区资源丰富，年日照时间长，群山起伏，海拔高差大，澜沧江纵贯全境。得天独厚的地理优势和亚热带季风气候为茶树提供了生长的沃土，普洱古茶园与茶文化系统由此孕育而成。茶，是普洱的文化之魂，茶产业是普洱第一支柱产业。普洱市的景迈山是中国六大茶山之一，其千年古茶的面积堪称茶山之最。一千多年前，世界上最早种植茶树的民族之一布朗族迁移到景迈山后，发现了野生古茶树药食两用的价值，从此开始了漫长的人工栽培茶树的历史。自元代起，普洱市古茶园的茶叶便通过茶马古道销往缅甸、泰国等东南亚国家。

普洱名扬誉迩遐，优良质，四海竞相夸。2013 年，国际茶叶委员会主席授予普洱市"世界茶源"的称号；云南普洱古茶园与茶文化系统 2012 年入选全球重要农业文化遗产，2013 年入选中国重要农业文化遗产；2023 年，普洱景迈山古茶林文化景观申遗成功，成为全球首个茶主题世界文化遗产，向世人展示了"活态"文化遗产保护的中国理念和中国案例。

二、古茶林茶文化系统助力乡村振兴的实现路径

近年来，普洱市以习近平总书记关于"三茶统筹"发展的重要指示精神为

统领，立足资源禀赋，全力写好茶产业、茶科技、茶文化"三茶统筹"大文章。全市茶产业发展规模持续壮大，品牌影响力不断扩大，走向世界各地，进一步确立了茶产业在当地巩固拓展脱贫攻坚成果同乡村振兴有效衔接中的"主角"地位。

（一）茶产业强基础，擦亮"生态有机化"特色招牌

村寨围在茶林中，茶林隐在森林中。随着历史的前进与发展，普洱人民承接和改良先民创造探索出的"林下茶"种植模式，坚持把第一车间建在茶园，不断驯化古茶树，大力推进茶产业基地有机化、加工标准化、企业集约化、市场品牌化，全产业链融合发展，形成了野生型古茶树、过渡型古茶树、栽培型古茶树、台地生态茶园等4种形态并存的生态、仿生态古茶树种植系统。

普洱市在全国率先实施生态茶园改造工程，有机茶园认证面积达60.4万亩[①]，获有机认证企业300户、证书388张、认证产品678个，认证企业和认证证书数量均居全国第一位。近年来，一批普洱茶企业入选中华老字号认定名单和云南"绿色品牌"目录，澜沧古茶、祖祥、龙生、天士力帝泊洱等先后上榜"云南十大名茶"；2023年12月，澜沧古茶在港交所正式上市，成为中国普洱茶首次公开募股（IPO）第一股。普洱市已初步形成"龙头企业引领、中小企业创新攻坚、茶咖农合作社筑基"的茶咖产业市场主体"新雁阵"。

近年来，云南省和普洱市政府高度重视茶产业发展，健全机制体制，制定出台了系列茶产业高质量发展行动方案，包括《云南省茶叶产业高质量发展三年行动工作方案（2023—2025年)》《云南省古茶树保护条例》《普洱市茶产业高质量发展三年行动工作方案（2023—2025年)》等，为普洱茶产业发展带来了新机遇。

茶产业是劳动密集型产业，在采茶和制茶等过程中均需要投入充足的劳动力，能为本地提供大量就业岗位，减缓农村劳动力流失，甚至还能吸引外地劳动力，实现人口增长。数据显示，普洱市茶园现有总面积达209万亩，综合产值450亿元，拥有茶叶初制所2 192个，茶叶SC企业387户，规上企业20家，茶叶种植农民专业合作社1 071家，茶农人数111万人，茶农人均收入近7 000元，近70%农民的主要收入来自茶叶和咖啡。景迈山上古树茶山头毛茶采购普价为每公斤1 000元左右，生态茶每公斤在300元左右。现如今，现代茶园、生态茶园漫山遍野，古茶山、古茶林生机盎然，成为普洱市人民增收致富的"金饭碗"。小小茶叶让茶农过上了好日子，家家户户住上了小楼、开上了轿车，提高了生活质量。

---

① 亩为非法定计量单位，1亩≈667平方米，下同。

（二）茶科技优结构，推动"产品含金量"提质增效

"科学技术是第一生产力"，对普洱茶行业来说也是如此。近年来，为切实保障普洱茶质量，提升品牌竞争力和影响力，普洱市培育了一批支撑茶产业发展的科技创新团队、专业人才队伍和熟练技术工人。目前，普洱拥有国家普洱茶产品质量监督检验中心、茶学院、热作学院、研究院等多家教研、质检机构。此外，云南天士力帝泊洱生物茶集团有限公司"国家普洱茶加工技术研发专业中心"研发了以大叶种茶为主要原料，复配其他植物资源、果汁、代糖等特色食品原料的新型茶饮产品，包括柠檬百香口味气泡茶、青梅普洱口味气泡茶两种，目前两款产品已完成了中试阶段。

种质资源的丰富程度，直接关系到产业发展主动权。截至2023年，普洱市已建成茶树种质资源圃34亩，收集保存大叶茶种质资源两千多份，基本完成了云南濒危大茶树的活体保存工作。此外，普洱市建立了种质资源数据库，并从中筛选出特异资源20多份。普洱市茶叶科学研究所先后选育出"云梅""云魂""矮丰""普茶1号""普茶2号"5个省级茶树良种，与浙江大学茶学系联合开展野生茶树驯化试验，有望选育出野生茶树新品种，填补国内野生茶树驯化品种空白。同时，普洱市开展普洱茶基因编辑、遗传育种、品种选育及品种适制性等研究，并已建成2个茶树种质资源圃，共收集保存优良茶树种质资源二千多份。普洱市首个国家级无性系茶树新品种"秧塔大白茶"已成功通过国家非主要农作物品种登记。

推动科技成果转化，能够有效促进产业持续健康发展。目前，普洱市茶叶科学研究已获得专利20余项，并实现部分研发成果转化，为普洱茶实现清洁化、机械化、数字化、标准化生产提供了技术支撑，解决了普洱茶产业发展方面的诸多难题。特别是"红茶加工数控技术与推广"项目成果帮助普洱市每年新增纯收益11 250万元。

（三）茶文化促融合，实现"非遗软实力"破圈发展

非物质文化遗产凝聚了中国几千年历史文化的精华精髓，是民族的文化基因和文化根脉。普洱茶文化，作为普洱市多元文化传承与积淀中最引人注目的文化符号、最耀眼的文化名片，展现了其独特的魅力。近年来，普洱市依托其悠久的种茶史、制茶史、饮茶史，在茶源寻根、茶俗体验、庄园度假、养生旅游等领域不断探索创新，推出普洱特色文创产品，提升导游、非遗传承人的业务水平和专业技能，在餐饮、住宿、交通、游览、购物、娱乐等旅游环节中植入非遗文化元素，成功打造了一系列文化体验丰富、品质卓越的茶乡非遗文化旅游精品线路。

尘园、普洱花弄里、不苦茶馆、普洱非遗会客厅、银生茶庄园、中华普洱茶博览苑……一个个茶馆、一处处茶景区在普洱市随处可见，吸引着各界人

士、各地游客纷至沓来。茶旅融合成为激活普洱市地方经济、促进农民增收、确保和谐发展的特色路径，茶文化旅游人气逐年攀升。2024 年春节，普洱景迈山古茶林文化景区推出穿越古茶林徒步、新春茶会、非遗技艺展示、民族服饰旅拍等活动，为游客提供美好的茶旅体验，游客突破 4 万余人次，旅游收入创历史新高。

截至 2024 年，普洱市拥有茶庄园 30 个，茶（馆）店 9 800 家，茶马古道、帝泊洱生物茶谷、中华普洱茶博览苑等茶主题的 AAAA 级景区品质也在逐步提升，孟连雅咪红茶庄园、惠民芒云小新寨茶庄园成为游客体验普洱茶以及游玩的重要打卡地。"周边游""周末游"等在普洱市渐兴渐浓，庄园消费、特色茶空间消费、咖啡馆（店）消费、集市消费方兴未艾。普洱市正在以大产业的理念整合茶文化和传统茶产业，助力普洱市旅游城市建设从"流动性观光""打卡式旅游"到"目的地休闲""沉浸式体验"迭代升级，带动普洱市茶旅融合发展。

三、经验启示

"夫稼，为之者人也，生之者地也，养之者天也"。一方水土养一方人。当前，中国传统有机农业和生态农业模式受到国内外越来越多的关注，人们对食品安全的重视和对传统有机农产品的信赖程度越来越高。云南普洱古茶林茶文化系统是传统农业助力乡村振兴的样本和典范，给拥有可再生、可持续发展、无可替代的自然资源禀赋的农业型村镇产业发展提供了具有代表性的启发。

一是挖掘传承文化价值。普洱古茶林茶文化系统成功地将地方传统文化与产业发展相结合，通过打造具有地方特色的产品和文化活动，提高了产品的附加值，吸引了更多的消费者和游客。在推进乡村振兴的过程中，挖掘和传承传统文化资源，将其转化为经济发展的动力，是一种有效策略。

二是创新产业发展模式。普洱古茶林茶文化系统通过引入现代科技和管理方法，在种质资源、科技转化上下功夫，实现了产业和品牌升级。在推进乡村振兴的过程中，应注重产业和产品创新，通过引入先进科技和管理理念，提升传统产业的竞争力和影响力。

三是强化多元主体合作。普洱古茶林茶文化系统的发展得到了政府和社会投资主体的共同支持，融入了非遗文创，吸引政策端、创意端、生产端、投资端、消费端等多元主体参与，实现文旅、茶旅搭台同向发展，为产业扩大影响面提供了源源不断的动力和潜能。在推进乡村振兴过程中，应充分发挥政府和社会投资主体各自的优势，强化产业联盟、文化资源及各参与主体之间的协调联动，形成合作共赢的局面。

四是注重生态环境保护。普洱古茶林茶文化系统在发展过程中，注重生态保护和可持续发展，这不仅有助于维护生态环境，也为产业的长期发展奠定了基础。在推进乡村振兴的过程中，应坚持绿色发展理念，注重生态保护和环境建设。

五是突出带动农民增收。普洱古茶林茶文化系统的发展带动了农民收入的增加，让产业发展成为乡村振兴的重要途径。在推进乡村振兴的过程中，应把产业发展和农民增收结合起来，让农民在产业发展中获得更多的实惠。

第二节 广西龙胜梯田文化赋能乡村振兴的实践探索

农业文化遗产深深植根于农业生产与稻作文化之中。水稻，这一全球种植面积最广、产量颇丰的粮食作物，养活了全球一半以上的人口。人们凭借智慧与汗水，改造原生自然地貌，开辟出形态万千的稻田用以种稻。这些稻田，或横向延展，平坦无垠；或纵向蜿蜒，坡度起伏。其中，梯田作为纵向坡度稻田的杰出代表，对自然地貌的重塑尤为壮观。它不仅雕琢出千姿百态的自然景观，更孕育出独具韵味的人文风情，编织出一幅幅绚丽多彩的梯田景观生态画卷。在这幅画卷中，广西桂林市龙胜各族自治县的龙脊梯田犹如一颗璀璨的明珠，以其独特的魅力赋能乡村振兴，书写着新时代农耕文化的田园诗篇。

一、基本情况

龙胜龙脊梯田，坐落于广西壮族自治区桂林市龙胜各族自治县龙脊镇龙脊山脉，是一处以梯田稻作农耕文化为主体、自然景观与少数民族人文景观相结合的世界级农业文化遗产。其名称源于山脉如龙般蜿蜒起伏的壮丽景象，左边是潺潺流淌的桑江，右边是少数民族先人开凿的层层梯田，因而得名"龙脊梯田"。龙胜所处的南岭山地，是世界人工栽培稻的发源地之一。秦汉时期，梯田耕作方式在龙胜地区已经形成。唐宋时期龙胜梯田得到大规模开发；明清时期，基本达到现有规模。龙脊梯田距今至少有 2 300 多年的历史，依山势而建，海拔介于 300 米与 1 200 米之间，层层叠叠，从山脚蜿蜒盘绕至山顶，层级最多处达 1 100 多级，气势恢宏，蔚为壮观。它分为三大观景区：平安壮族梯田观景区、金坑大寨红瑶梯田观景区、龙脊古壮寨梯田文化观景区，每一处都散发着独特的魅力。

龙脊梯田不仅是中国南方稻作梯田的杰出代表，更是农耕文化与自然和谐共生的生动写照。龙脊梯田农业系统涵盖龙脊村、大寨村、小寨村、中六村、金江村等五个村域的范围，域内主要的生产活动是旅游开发和农业生产。20

世纪 80 年代初，一批批背包客慕名而来，探访龙脊梯田。一些村民开始从为其提供免费住宿，逐步转型经营旅馆和餐饮。但村民仍以农耕为主，专门从事旅游经营的较少。随着我国旅游业的蓬勃发展，龙脊梯田以其独特秀美的人文景观和自然风光吸引了大批中外游客前来游玩。20 世纪 90 年代，政府、企业和村民携手合作经营景区。1999 年龙脊梯田景区正式成立并开始收取门票，大量村民投入到景区旅游经营活动中，龙脊梯田地区呈现出农业与旅游业并重发展的良好局面。经过 30 多年的旅游开发，如今，龙脊梯田已成为风景名胜区、休闲度假旅游区和居民生产与生活区。

龙脊的壮族、瑶族先民世代耕种梯田，至今仍保留着"耦耕"这一原始耕作方式。每年清明、谷雨时节过后，村民们便开始进行砍田基、扶田基、耦耕、耘田等 12 道繁复的农活，在梯田的种、管、收等各个环节中衍生出一系列节庆活动来庆祝开耕、丰收等重要时刻，如开耕节、梳秧节、晒衣节等。通过保护和传承，龙脊梯田地区始终践行着"天人合一"的生态理念，形成了"上林下田、动态平衡"的森林水源涵养和梯田水土保持模式，展现了人类智慧与自然力量的完美融合。2011 年 4 月，龙脊梯田获评国家 AAAA 级旅游景区。2014 年 5 月，龙脊梯田系统获评第二批中国重要农业文化遗产。2018 年，龙脊梯田获得"全球重要农业文化遗产"授牌。2020 年 12 月，龙脊梯田入选国家林业和草原局"国家湿地公园"名单。2022 年，龙脊大寨村被联合国世界旅游组织评为"最佳旅游乡村"。近年来，金竹壮寨入选"中国景观村落"，黄洛瑶寨被誉为"天下第一长发村"，还创下了吉尼斯集体长发记录。龙胜各族自治县被列入全国首批文化产业赋能乡村振兴试点名单、国家第一批 5G＋智慧旅游应用项目试点（广西唯一）、国家文化和旅游赋能乡村振兴"十佳"案例。龙脊梯田依托旅游业，使村民过上了幸福美好的生活，成为农耕文化赋能乡村振兴的典范。

二、龙脊梯田助力乡村振兴的实现路径

靠山吃山，靠水吃水。近年来，龙胜龙脊梯田依托其得天独厚的生态优势、丰富的文化遗产和独特的民族文化，以保护自然生态和民族文化为基础，重点发展了"企业＋梯田＋农户"的模式。在这一模式下，梯田既得到了保护，又实现了开发，实现了在保护中发展、在发展中保护的良性循环，问山要粮，走出了一条生态保护、文化传承、经济发展、村民受益的人与自然和谐共生之路。龙脊梯田的发展不仅带动了当地经济繁荣和村民增收，还在全球范围内展示了中国农耕文化助力乡村振兴的生动案例。

（一）坚持生态优先，筑牢"山田林水共生"绿色屏障

龙胜各族自治县以全球重要农业文化遗产保护为核心，秉承"生态立县、

绿色发展"理念，依托得天独厚的梯田资源，持续巩固"绿水青山就是金山银山"实践创新基地成果，系统推进梯田立法保护、确权登记、土地资源及水资源治理、梯田资源开发利用等工作，构建"山顶森林—山腰村寨—山脚梯田"立体生态体系，形成了人与自然和谐共生的可持续发展范式。

开展立体生态修复与资源管护。通过实施封山育林、水系修复和有机耕作"三位一体"生态工程，强化梯田生态系统韧性。划定生态红线，禁止山顶森林砍伐，补植杉木、毛竹等本土树种，建立护林员巡护制度，森林覆盖率提升至 82% 以上，水土流失率下降 45%。修复古水渠、竹筧分水等传统灌溉系统，新建蓄水池、生态沟渠等水利设施，实现"森林蓄水—梯田用水—村寨节水"循环利用，水源涵养能力提升 30%。推广"稻鱼鸭共生""紫云英绿肥还田"等传统农法，禁用化肥农药，发展有机水稻种植面积超 5 000 亩，土壤有机质含量达 4.8%，高于全国平均水平 1.5 倍。生物多样性显著恢复，梯田区域鸟类种群增加了 28 种，濒危物种桂北琴蛙重现山林。

地理标志品牌赋能增值。以"龙脊四宝"（龙脊辣椒、凤鸡、红糯、地灵花猪）为核心，打造"生态＋文化＋产业"融合链条。建立"合作社＋农户＋科研院所"联动机制，制定辣椒无公害种植、红糯传统加工等 8 项技术规程，实现农产品标准化生产、溯源全覆盖。通过"龙脊山水"区域公用品牌整合资源，入驻电商平台开设旗舰店，龙脊辣椒、龙脊红糯、龙脊茶等已获得国家地理标志农产品称号。

制度创新保障长效发展。立法保护先行，颁布《龙脊梯田保护条例》，明确梯田核心区、缓冲区范围，将"森林—梯田—村寨"整体纳入保护范畴，并设立专项补偿基金。破解产权改革难题，完成梯田确权登记 2.1 万亩，颁发"生态身份证"，发放绿色信贷，允许经营权抵押融资。

科技支撑赋能。搭建梯田生态监测大数据平台，布设气象站、水质传感器等设备 60 套，实时对生态风险进行预警，为精准施策提供坚实的数据支撑，确保了生态管理的科学性和有效性。

（二）农文旅融合，打造"一路稻花上龙脊"精品线路

龙胜充分用好梯田景观先手棋，深入挖掘乡村文化，将地方文化元素融入旅游业发展当中，创新"文旅兴农"，将民族风情、农耕文化、红色资源、森林康养与旅游串联融合，走出一条"打梯田牌、赚梯田金"的特色鲜明的文旅赋能乡村全面振兴之路。

开发高品质梯田景观旅游。依托中国品牌节庆示范基地、龙脊梯田国际文化旅游节等载体平台，积极创新"红色＋"旅游产品，以"红色＋农耕旅游""红色＋民族文化""红色＋生态龙胜"等方式，形成"公司＋基地＋农户＋民宿＋旅游"的发展模式，打造"开耕节""长发节""晒衣节""跳香节"等民

俗旅游品牌，推出黄洛瑶寨长发演艺、红瑶民俗表演等多个常态化民俗演出项目，让游客在欣赏梯田美景的同时，深入了解当地的农耕文化和民族风情。此外，还开发了"布尼花海梯田""小岩底星空梯田"等特色旅游项目，进一步丰富了旅游内容，提升了游客旅游体验，让村民在家门口就获得旅游收益。

形成全域旅游大格局。龙胜还创建了"多民族生态博物馆"旅游品牌，依托优越的自然环境，确定"全县大景区，旅游一盘棋"的全域旅游指导思想和"以山养山、以山养人"的发展思路，大力发展生态旅游。建成金竹民宿体验区、黄洛瑶寨长发小寨风情区、金坑瑶寨梯田观赏区等旅游示范区，形成全域旅游大格局。2024 年，龙胜各族自治县 6 个红色文化现场教学点共接待游客 60 余万人次，有力带动了农家乐、餐饮、文创产品、土特产展销等相关产业的蓬勃发展，为当地经济注入了强劲动力。据统计，龙胜各族自治县大寨村民宿数量超过 230 家，平均每家年纯收入超过 20 万元，最高的年纯收入超过 200 万元。

（三）创新集体共享，激活"一田生五金"经济模式

龙胜各族自治县把推进农村资源变资产、资金变股金、农民变股东的"三变"改革作为乡村振兴的突破口和动力源，在龙脊梯田周边村寨实行"企业＋梯田＋农户"创新发展模式，通过企业带动、景区辐射和村寨联盟，实现多方共赢。

深度践行"一田生五金"农文旅融合发展模式。以桂林龙脊旅游有限责任公司为桥梁，龙胜村民通过梯田入股、务工等多种方式增加收入，创新性地形成了梯田流转有租金、梯田入股享股金、梯田务工挣现金、梯田维护得奖金、梯田旅游发薪金的"一田生五金"旅游产业振兴模式，推动乡村旅游从"点上开花"向"串珠成链"转变，成功将生态优势转化为显著的经济优势。如龙脊镇大寨村、平安村、龙脊村等景区核心村落的村民，积极将梯田、民族村寨等优质资源入股旅游公司，与公司携手开发梯田景区。旅游公司每年将门票收入的 10％作为分红返还村民。截至 2023 年底，全县已吸收 10 个乡镇 62 个村的 3 263 户农户入股旅游公司，入股梯田 4 006 亩，获得年均分红 1 000 多万元。为了进一步激发村民保护梯田的积极性，龙胜各族自治县出台了《龙胜各族自治县景区梯田耕种维护奖励机制》，建立梯田耕种维护奖励机制，鼓励村民按要求统一耕种并定期对田埂进行维修加固，给予梯田维护补助 1 000 元/亩、灌溉亮化补助 1 000 元/亩、稻谷推迟收割补助 800 元/亩，三项合计 2 800 元，收割出的稻谷归农户本人所有，一亩稻田的收入至少 4 000 元。

政府、企业、村民三方协同共享旅游发展红利。随着龙脊梯田景区的持续繁荣，其旅游吸引力不断攀升。2024 年，龙脊梯田景区共接待游客 115.70 万人，同比增长 2.30％。景区内各村寨旅游分红总额达 1 135.60 万元。其中，大寨村 282 户 1 328 人共领取了 693.6 万元旅游分红，户均 2.46 万元。据统计，自 1993 年以来，龙胜各族自治县龙脊景区已连续 32 年向当地村民发放分红，累计分红金额高达 1.3 亿元，涵盖了梯田维护费、种田补助、延期收割及索道分红等多个方面，切实让村民感受到了旅游发展带来的实惠与福祉。

三、经验启示

（一）秉持生态与经济协同共进的理念

梯田是龙胜各族自治县标志性产业的基础，不仅承载着丰富的农耕文化，更是当地经济发展的重要源泉。由梯田这一独特景观衍生的旅游业、特色民宿业、餐饮业等，均依"梯田"而生，靠"梯田"而旺。龙胜深刻领悟并践行"绿水青山就是金山银山"理念，通过科学规划与合理开发，实现文化遗产保护反哺产业发展良性互动，成功地将"绿水青山"转化为"金山银山"，确保梯田的生态价值和文化价值得到充分的挖掘与展现，不仅为当地居民创造了更多的就业机会和经济收益，也为乡村振兴战略的深入实施和区域可持续发展的长远目标提供了坚实有力的支撑。

（二）坚守农民主体的核心地位

农民是乡村振兴的主体，乡村振兴是农民干出来的，只有农民参与、农民决策的乡村振兴才是真正的乡村振兴。龙胜各族自治县以龙脊梯田为舞台，充分尊重农民的权利、创作、意愿，通过"政府引导＋企业运营＋村民参与"三方联动机制，村民与旅游公司等开展了多形式、多渠道的合作，将传统的农耕生活与新时代的旅游产业紧密结合，使龙胜村民从传统意义上的农民变成了新时代农村中新经济新业态的股民，全面激发了龙胜村村民参与经营、共同发展的积极性，确保乡村振兴红利惠及全体村民。在这个过程中，村民成为乡村振兴的主要受益群体，成为乡村振兴的主人，乡村振兴中"人"的要素得到充分激活，铸就了龙胜乡村振兴的辉煌篇章。

（三）强化文化赋能的价值提升

龙胜各族自治县立足"梯田"这一独特农耕文化基点，致力于将自身丰富多彩、历史悠久的民俗、习俗、风俗等民族文化精髓，巧妙地融入梯田观光的旅游链条中进行综合开发，实现文化与自然的和谐共生与共同发展。在龙脊梯田，每一个节庆活动都蕴含着深厚的文化底蕴，每一片梯田都讲述着动人的故事。龙胜高度重视民族文化的保护与传承，积极与景区合作，策划并举办独具民族特色的节庆活动，在传承祖辈优秀传统文化的基础上，讲好"梯田故事"，以文化提升"梯田旅游"品质与内涵，以文化点燃"梯田旅游"新的"引爆点"，打响和擦亮了龙脊梯田这个全球重要农业文化遗产地品牌，提升了龙脊梯田的知名度和美誉度。

<h2>第三节　江西广昌传统莲作文化系统赋能乡村振兴的实践探索</h2>

在江南烟雨浸润的农耕文明图谱中，莲始终是独特而富有深意的文化符号。从《诗经》"彼泽之陂，有蒲与荷"的悠扬吟唱，再到北宋大儒周敦颐"出淤泥而不染"的哲学思想，莲的根脉早已深扎中华文明的肥沃土壤之中。作为中国最早被驯化的水生作物之一，莲不仅是承载着东方美学的精神意象，更在历经数千年的农耕实践里，逐渐演化出了一套完整而丰富的生产体系与文化生态。位于江西赣江源头的广昌县域，凭借其上千年的莲作传承，构建起独树一帜的"莲作文化系统"，让这株古老的水生植物突破传统农作的边界，在乡村振兴的田野上绽放出融合生态智慧、产业创新与文化记忆的复合价值，并以活态传承的农耕智慧，生动书写着传统农业文化遗产赋能乡村振兴的当代启示录。

<h3>一、基本情况</h3>

广昌县坐落于江西省东南部之隅，武夷山西麓之畔，抚河源头之地，县辖6镇、5乡、1垦殖场，共129个行政村和1个省级工业园，素享"中国白莲之乡""中国第一莲乡"之美誉。据史料记载，广昌白莲始种于唐朝仪凤年间（676—679年），迄今已逾1300年。广昌之地，平原与低山丘陵相互交织，形成了一道天然的屏障，庇护着莲田免受大风侵袭，也减轻了涝害。此地阳光充足，亚热带季风带来了丰沛的降水，使得山峦间的变质岩风蚀物随地表径流汇入莲田，为白莲生长铺就了一张柔软而肥沃的温床。

广昌莲农匠心独运，最早将白莲从湖泊池塘移栽至水田，开创了规模化种植的先河，造就了独特的"梯田莲海"景观。宋元时期，广昌白莲更是荣登皇家贡品之列，因其色白、粒大、味甘、清香、营养丰富、药用广泛而被誉为"莲中珍品"，历代被尊称为"贡莲"。广昌白莲加工工艺精湛，莲农用辛勤与智慧发掘出莲身上的重重宝藏，通过"通芯"技术去除莲心苦味，使白莲呈现"香郁、甘甜、软烂、绵密"的绝妙口感，更衍生出通芯白莲、荷叶茶、藕粉、莲子汁等覆盖食品、保健品、医药等多个领域的深加工产品。当前，广昌白莲种植规模蔚为壮观，全县莲田面积常年稳定在10万～11万亩，年产白莲约9 000吨，综合产值超36亿元。种植面积与产量均稳居全国县级首位，是全国最大的白莲科研生产中心、集散中心、价格形成中心和全国绿色食品原料标准化生产基地。

2017 年，由莲、莲作技术、莲文化三部分共同组成的广昌传统莲作文化系统被农业农村部批准入选"第四批中国重要农业文化遗产"，成为全国农业文化遗产保护的典范。同年，广昌白莲获评"中国农产品区域公用品牌 100强"。2020 年广昌白莲跻身"中国农产品地域品牌价值标杆"。2023 年广昌白莲入选"全国农遗良品优选计划"，品牌价值达 21.04 亿元。姚西莲海更是荣获吉尼斯世界纪录认证，成为"世界最大的莲池"，而中国莲花景区也成功创评国家 AAAA 级旅游景区。

二、传统莲作文化系统助力乡村振兴的实现路径

广昌人爱莲，不少乡镇几乎家家户户皆以种莲为业，县内各类砖雕、木雕、石雕等建筑艺术中，均可见莲花的元素。近年来，广昌县因地制宜，积极探索新质生产力的发展路径，聚焦科技创新、产业延链、品牌建设等关键领域，以创新为笔，多措并举为白莲产业赋能，描绘出一幅"农业强盛、农民富裕、乡村振兴"的壮丽画卷，为地方乡村振兴与经济高质量发展注入强劲动能。

（一）践行科技创新理念，激活生态循环潜能

广昌传统莲作文化系统的核心价值之一，在于其蕴含的深厚生态智慧与可持续的生产逻辑。莲农遵循"前期灌浅水，中期深灌水，后期浅灌水"的管理智慧，科学调控田间小气候，为白莲创造理想的自然生长环境。县域内各村落依据各自田地状况与传统智慧，精心规划莲田中的共生种植与养殖模式，巧妙运用"白莲—水稻""白莲—泽泻"轮作及"莲鱼共生"等复合套养、套种等模式，莲与鱼、泽泻、水稻等水生动植物彼此共融共存，构建了"田面种莲、水中养鱼、泥底育藕"的三维立体生态空间，为当地居民带来了更多的经济收益，更形成了良好的生态循环，实现了生态与生产的和谐、高效发展。

"太空莲"是广昌县脱贫致富的"金钥匙"。自 20 世纪 70 年代起，广昌便率先成立了全国首个县级白莲研究所，致力于开展品种选育研究。为持续激发广昌白莲产业的创新活力，20 世纪 90 年代，广昌县又开创性地开展白莲航天育种研究，开辟了白莲航天育种的先河。1994 年，广昌首次通过太空育种技术培育出高产抗病的"太空莲"系列品种。2012 年，广昌又设立了全国首个省级子莲工程技术研究中心。2017 年，广昌白莲院士工作站（后转为广昌白莲专家工作站）成立。广昌白莲先后被农业农村部列入国家"十三五""十四五"现代农业产业技术体系扶持建设的农产品门类，并设立了国家特色蔬菜产业技术体系广昌综合试验站。2019 年，国内首个白莲研究科技小院——"江西广昌白莲科技小院"在广昌成立，进一步巩固了广昌作为全国白莲科研生产中心的地位。通过选育，"太空莲 1 号""太空莲 2 号""太空莲 3 号""太空莲

36 号"等优质品种脱颖而出，其中"太空莲 36 号"已推广至湖南、湖北、浙江、四川等全国 2 000 万亩莲田，年推广种植面积超过 200 万亩，占全国子莲种植面积的 80％以上，成为我国子莲的主栽品种。广昌当地 2 000 余户脱贫户加入了"太空莲"的种植队伍，种植面积达到 1.5 万亩，户均增收约 2.8 万元。每年销往全国各地的太空莲种藕约 8 000 万株，有力推动了广昌县脱贫攻坚与乡村振兴的有效衔接。

（二）驱动产业融合发展，重塑乡村经济格局

广昌县以白莲为核心，强化科技赋能，积极推动种植、加工、销售等产业的深度融合，构建起全产业链的增值体系，实现"莲"通致富路。广昌县精心编制了《广昌县白莲产业发展规划》，对白莲产业从资金、人才等多方面予以重点倾斜，吸引了一批合作伙伴，共同打造龙头企业集群。同时，广昌县还组建了专业的白莲产品研发工程师团队，推陈出新，延伸白莲深加工产品产业链条，全面优化种植端、精进加工端、提升科研端、拓展销售端。截至 2024 年，广昌县已拥有国家级农业产业化龙头企业 1 家、省市级 8 家，白莲经济合作社 130 多家，拥有自主品牌注册商标 200 余个，并孵化了 20 余家白莲企业，带动了 900 多户规模化种植户的发展。

在加工环节方面，依托"白莲全身都是宝"的特点，广昌县充分挖掘莲子在食用、药用、美容、轻工和外贸加工等方面巨大的空间和潜力，大力开展白莲产业招商，吸引了众多企业入驻，落地投产了多家莲子加工企业，开发出了通芯白莲、莲子加工产品、藕粉加工产品、荷叶加工产品、医药产品、文创产品、加工机械等 10 余个品类 150 余个品种。此外，广昌同步研发了全自动白莲剥壳脱皮一体机、鲜莲子烘干机、剥蓬机等一系列白莲加工机械，既解决了劳动力不足的问题，又确保了生产和制造环节中的技术先进性，推动白莲产业链纵深发展和提速升级。

为推动白莲科研育种更新换代，广昌县联合科研机构、高校和企业，共同组建了全省唯一的白莲产业技术创新战略联盟。该联盟致力于白莲基因的基础研究，实施分子育种，打造广昌白莲的种业"芯片"。与此同时，广昌还持续强化专利培育，全面激发企业创新活力。截至 2024 年，该县已拥有白莲产业相关发明专利 6 项、实用新型专利 87 项。此外，广昌县还先后制定了多项国家和省级标准，包括《地理标志产品 广昌白莲》国家标准、《广昌白莲》省级地方标准、《绿色食品 广昌白莲生产技术规程》省级地方标准、《江西绿色生态广昌白莲》团体标准等。这些标准的制定确保了白莲产品的绿色、生态和优质特性，推动了白莲产业的标准化生产、精细化加工和集群化发展，提升了广昌白莲的市场竞争力和品牌影响力。广昌白莲不仅获评了"最受消费者喜爱的中国农产品区域公用品牌""全国绿色农业十佳蔬菜地标品牌"，还成功入选中

国第二批中欧地理标志产品名单，实现了与欧盟地理标志农产品的互认，这为白莲子系列产品舶往四海奠定坚实基础。

（三）依托农耕文化 IP 赋能，打造乡村文旅名片

广昌县以千年莲作文化为根基，将农耕文明转化为乡村振兴的超级 IP，形成文化认同与经济价值共生的创新模式。每年农历六月二十四至二十六，广昌县赤水镇大禾村都会举办以"庆丰收·促振兴"为主题的莲神太子庙会民俗活动。村民们把每年农历莲花盛开的六月二十四日称为"莲花生日"，以此酬谢莲神、祈福祉、庆丰收，这一传统已延续千年，象征了当地村民对美好生活的向往。

依托莲花生态优势，广昌实施了文旅兴县战略，推进全域旅游建设，大力发展文化旅游、生态旅游、乡村旅游、康养旅游等新业态，打造了"春赏莲田、夏采鲜莲、秋品莲宴、冬购莲礼"的四季乡村旅游产品产业链，打造了全国全省知名的莲景观旅游线、莲文化体验区、莲产品生产基地和莲文化精品地，打造了驿前莲花古镇、姚西莲花第一村、甘竹红莲基地等莲景观旅游线，形成全年"不打烊"、月月是旺季的旅游市场，每年吸引来自各地的游客 200 多万人次到广昌赏莲，进一步打响"中国莲乡"品牌。

"姚西赏莲天上有，人间难找第二村。"2016 年，姚西村因拥有 1.08 平方公里的成片莲田，被吉尼斯世界纪录认定为"世界上最大的莲池"，从此更加声名远扬。莲花旅游文化节已成为广昌每年固定的节庆品牌，且连续举办二十届，成为展示莲乡形象、推介广昌文旅的重要平台。据统计，2024 年，广昌县共接待游客 743.23 万人次，同比增长 70%。在"莲花旅游文化节"期间，广昌还举办了网红直播带货大赛等活动，借助新媒体，以莲为媒，深入挖掘特色农产品中的美食故事，助力特色文旅融合项目及优质特色农产品"出村出圈"，全面绽放广昌农耕莲文化新姿态。

三、经验启发

在传统莲作文化系统的生动实践中，广昌人民秉持生态优先、创新驱动、文化赋能的核心理念，为广昌实现农业繁荣、农民富足、乡村振兴的宏伟目标贡献了智慧和力量，同时也为各地农耕文化的传承与发展提供了宝贵的经验借鉴。

（一）坚持生态优先是成功基石

广昌县人民深谙"绿水青山就是金山银山"的真谛，通过践行生态循环的发展理念，科学调控田间小气候，巧妙运用复合套养、套种和轮作等农业技术，构建起三维立体的生态空间，实现了生态循环与高效生产的双赢双促进。不仅保护了当地的生态环境，更为白莲产业的可持续发展以及农业生产与生态

环境和谐共生奠定了坚实基础。

（二）坚持创新驱动是关键所在

广昌县聚焦科技创新、产业延链、品牌建设等关键环节，通过成立白莲研究所、开展航天育种研究、组建专业研发团队，以及将种植、加工、销售等各个环节紧密衔接等一系列有力举措，加之政府的政策激励与社会的广泛参与，共同构建了全产业链的增值体系，不断推动白莲产业向更高层次转型升级。这不仅提升了白莲产品的附加值和市场竞争力，更为广昌县的经济发展注入了勃勃生机与全新动力。

（三）坚持文化赋能是独特路径

白莲是广昌的传统支柱产业，更是广昌独具特色的一张农耕文化"名片"。广昌县高度重视本土农耕文化的活态传承和保护，以千年的莲作文化为深厚底蕴，精心打造具有鲜明特色的文化品牌，并将其成功转化为乡村振兴的标志性IP。通过文化与旅游的深度融合，实现了文化认同与经济价值的双重提升。不仅成功吸引了大量游客前来观光旅游，更为当地乡村经济的全面发展提供了有力支撑和广阔空间。

第四节　广西八桂田园开放型区域产教融合实践中心农业科普赋能乡村振兴的实践探索

"八桂田园——广西现代农业技术展示中心"是国家 AAAA 级旅游景区、全国休闲农业与乡村旅游五星级园区、全国休闲农业与乡村旅游示范点、全国农业旅游示范点、全国农业科普示范基地、全国青少年农业科普示范基地、广西农业引智示范基地。2020 年被评为首批"广西中小学生研学实践教育基地"；2021 年 8 月被自治区科技厅认定为"广西八桂田园现代农业星创天地"；2022 年，被评为"广西中小学劳动教育实践基地"，被认定为"十四五"期间第一批自治区科普教育基地，被中国现代农业职业教育集团评为"职业技能公共实训基地"，入选国家首批脱贫攻坚、乡村振兴专题"大思政课"实践教学基地名单。

一、基地的基本情况

"八桂田园"是广西壮族自治区农业厅 1999 年在广西农业学校实习农场的基础上创建的，现隶属于广西农业职业技术大学，由广西八桂农业科技有限公司运营管理。园区占地 400 亩，集"现代农业设施展示、农业新品种新成果应用推广、农业观光旅游、农业产业化经营、科普教育基地、农业职业教育实训基地"六大功能于一体。八桂田园以"产教融合、开放共享"为理念，依托学校的位置优势、人才优势和品牌优势，融合八桂公司的硬件优势、团队优势和市场资源，通过校企创新合作路径，成功实现一二三产业深度融合发展和产学研一体化发展。

自建设以来，基地创新实践备受社会各界关注。2002 年，时任国家副主席的胡锦涛同志曾到园区视察，李瑞环等 10 多位国家级、自治区级领导人亦曾到此调研。截至 2024 年，基地已接待越南、老挝等 11 国 17 位元首及政府首脑参观考察，成为展示中国现代农业发展的国际窗口。

在校企双擎驱动下，八桂田园农业产业化和教育事业化形成良性循环。基地不仅承担着农业技术示范与推广职能，更通过"农业＋教育＋文旅"跨界融合，构建起服务乡村振兴的立体化支撑体系，逐步成长为广西区内乃至中国、东盟培养高端农业人才的重要品牌，区域现代农业开放型产教融合实践中心，为农业科普赋能乡村振兴提供了生动的典范。

二、基地的主要建设模式

（一）校企场地共建，打造多功能农业科普载体

基地规划建设了各类型现代农业设施面积超 10 万平方米，涵盖观赏瓜类栽培玻璃大棚、花卉生产玻璃大棚、亚热带果树标本设施大棚、"互联网＋无土栽培作物"智能化玻璃大棚、"互联网＋全园作物水肥一体化"智能管理控制系统和传统农业展示区；建有百花宫活动教室 400 平方米、"大思政课"宣传长廊 1 座。园区年展示约 200 个瓜果品种和蔬菜品种，200 多个花卉品种；长期展示农艺技术超 50 项。此外，学校在八桂田园周边创建中药科技馆、食品科技馆和动物科技馆，形成"一园六馆"的硬件格局，实现空间利用最大化与教育功能多元化。

（二）校企团队共建，构建师资融合新机制

基地创新实施"双师型"团队共建模式：企业主导运营，管理队伍 29 人，其中学校派驻 2 名教师参与管理，同时依托广西农业职业技术大学 1 500 余名教师及 2.8 万名在校生，形成"管理—教学—科研—实践"全链条人才保障体系。这种模式既保障了园区运营的专业性，又强化了农业职业教育的实践性。

（三）校企资金共投，夯实可持续发展基础

校企双方每年约投入 500 万元资金，重点支持基地农业生产设施设备的维护更新、优良果蔬新品种的引进试验示范及农业科技展示，不断完善研学培训基地的场地设施，维护提升园区在教学工作、科研工作、社会服务、文化传承和国际交流方面的综合服务功能，形成"以产养教、以教促产"的良性循环。

（四）校企平台共建，拓展开放合作空间

基地先后与广西大学农学院、广西百色干部学院、南宁师范大学、广西民

族师范学院、广西国际商务职业技术学院、广西钦州农业学校、广西农科院、广西真典农业科技有限公司、广西春之蓝农业科技有限公司等数十个单位开展项目合作，并吸引 30 名乡村科技特派员参与园区建设。

三、基地赋能乡村振兴的主要成效

（1）聚焦服务广大师生，基地已成为师生践行"学农、爱农、服务三农"的重要阵地。作为校企共建的校内最大的综合性农科实训场所，基地年接待大学各专业师生入园开展教学实训、生产实践和劳动教育等活动达 15 万人次。《传承农耕文化，打造休闲农业品牌》案例入选 2024 年广西休闲农业行业创新发展十大典型案例，实现"学农、爱农、服务三农"理念的实践转化。

（2）聚焦服务培训团体，基地已成为广西区内农业培训的重要阵地。八桂田园是广西区内最早一批现代农业科技示范园区，也是迄今为止还在正常运营的成功农业园区，深受农业考察培训青睐。基地深耕农业技术培训领域，2024年接待培训班学员 7 651 人次，积极培养本土人才，培养爱农业、懂技术、善经营的高素质农民，为区域乡村振兴提供人才支撑。

（3）聚焦服务东盟农业，基地已成为中国与东盟农业交流的重要阵地。基地是国家援非农业项目——"埃塞俄比亚农业技术示范中心"的实施单位。2018 年，基地接收老挝占巴塞省巴松县中—老农业合作基地的技术员派萨门·特潘纳瓦来园学习培训 3 个月；2019 年，接收老挝东坎商农业技术学院 3 名留学生到园区学习作物管理技术；2023 年 7 月，百色干部学院组织越南干部培训班 35 人、老挝干部培训班 30 人到基地现场考察；2024 年，老挝领导干部培训班、老挝青年领导人研修班、泰国曼谷北部大学及暹罗计算机和语言学校、柬埔寨政府官员培训班到基地参观学习，基地成为服务"一带一路"倡议的农业合作典范。

（4）聚焦服务中小学生，基地已成为广大青少年在现代农业领域"强国有我"的大思政教育载体。围绕育人目标，基地先后开发"我与蔬菜交朋友""蔬菜花卉植物无土栽培实践""跟着节气去探究农作物"等农耕科普研学和劳动实践课程；2024 年主要参与开发的"好种好苗好果，农业强国有我"获评自治区级精品课程。这些课程极大地满足了广大中小学生校外实践教学的需要。基地位置优越，全面辐射南宁市各大中小学幼儿园，打造"强国有我"的现代农业思政课堂，成为南宁市中小学家门口的农业主题公园，深受学校和家长的喜爱。据统计，2023 年共接待 100 多所中小学校及幼儿园，人数约 2.6万人次；2024 年共接待 80 多所中小学校及幼儿园，人数约 2 万人次。基地先后指导南宁市富宁小学"开心农场"、南宁市大学东路小学"梦想田园"、南宁市第三中学"耕读园"等多所中小学校农耕基地建设。

（5）聚焦服务广大市民，基地已成为向社会展示现代农业的重要窗口。基地主栽甜杨桃、草莓、葡萄、火龙果、大青枣、果桑等特色果蔬，种植有西瓜、小青瓜、彩椒等各类季节性蔬菜，每年接待 30 多万游客入园体验，进一步传播了现代农业文化，提升了公众对乡村振兴的认知与参与度。

四、经验启发

（一）产教融合须构建"四位一体"协同机制

基地通过"校企场地共建、团队共建、资金共投、平台共建"四位一体模式，突破了传统产教分离的瓶颈，实现资源互补与效能叠加。例如，校企共建的 10 万平方米现代农业设施与"一园六馆"硬件格局，既满足了教学实训需求，又支撑了农业科技成果转化；校企师资融合机制下，29 人管理团队中企业主导运营、学校提供智力支持，同时 1 500 名教师与 2.8 万名学生形成人才储备库，实现了"教学—生产—研发"的闭环。这一模式启示我们，产教融合须以实体化平台为载体，通过制度化合作将校企资源转化为乡村振兴的持续动力，避免"重形式轻实效"的浅层合作。

（二）农业科普须打造"全龄段＋多场景"教育体系

基地围绕"三农"服务核心，构建了覆盖师生、农民、青少年、市民的全龄段科普网络。师生群体方面，将实训场所转化为课程思政实践地，年接待 15 万人次师生开展劳动教育；农民方面，依托农业技术示范中心职能，2024 年培训 7 651 人次高素质农民，助力本土人才孵化；青少年方面，开发精品课程，辐射南宁市 80 余所中小学，并指导建设校园农耕基地；市民方面，以果蔬采摘、农业观光为载体，年接待 30 万游客传播现代农业文化。这种"教育＋产业＋文旅"融合模式表明，农业科普须突破单一功能定位，通过场景化设计实现知识传播与产业赋能的双重价值。

（三）乡村振兴须立足"区域特色＋国际视野"

基地以"立足广西、面向东盟"为战略定位，通过技术输出、人才交流与平台共建，构建开放型合作生态。从输出中国农业技术解决方案，到承接东盟国家学员培训；从与国内高校、科研院所合作，到吸引 30 名科技特派员驻点，基地以"引进来＋走出去"的双向开放模式，将区域性实践基地打造为国际农业合作枢纽，实现从"单点突破"到"生态共建"的跨越。这一路径表明：乡村振兴须突破地域限制，通过技术辐射、人才联结与平台共享，拓展全球视野与开放格局。

第四章
农耕文化赋能乡村振兴的发展展望

第一节 | 农耕文化在乡村振兴中的作用发挥

农耕文化是中华文明的重要根基，承载着中华民族数千年的智慧结晶和精神追求。在乡村振兴战略中，农耕文化不仅是一种历史遗产，更是一种重要的资源和动力。它不仅是乡村文化的重要组成部分，更是推动乡村经济、生态、治理和精神文明建设的重要支撑。深度挖掘和开发农耕文化的价值内涵，可以为乡村振兴提供丰富的资源支撑、文化滋养和精神引领，从而推动乡村全面振兴，实现农业强、农村美、农民富的目标。

一、深度挖掘和开发农耕文化为产业兴旺提供资源支撑的作用

乡村振兴离不开坚实的物质基础，产业的发展是乡村经济的重要来源。现如今，将农耕文化存量转变为经济增量，已经成为乡村经济发展的重要资源支撑，如中国农民丰收节等传统节日已经变成乡村旅游文化元素，农耕文化体验馆和农耕文化周边产品等已经走入现代人们体验消费的日常。农耕文化不再局限于过去农村传统的生产生活中，深度开发和利用农耕文化资源将进一步丰富乡村发展资源，使农村产业发展更为多元化，吸引更多的游客和投资者来到乡村，为乡村产业振兴带来更大的发展空间，同时也为乡村社会发展注入新动能，在推动农村一二三产业融合发展、建立多元互动共享的文化产业链方面提供更多可利用的资源。

二、深度挖掘和开发农耕文化为生态宜居提供激发活力的作用

生态宜居是乡村振兴的重要体现。农耕理念一直强调可持续发展，过去传统的农业耕种过程注重绿色有机生态，讲究精耕细作、"顺天时，量地利"。根据自然条件和资源情况发明立体养殖、间作套种等与自然和谐共生的农作方法，采用用养结合、农牧结合等生态发展手段，长久以来形成了沿用至今的二十四节气等一系列与自然环境变化相适应的农耕文化，其中蕴含着丰富的绿色生态取向，有利于保护生态环境和物种的多样性，对

生态文明起着很大的保护作用。与今天所提倡的绿色、低碳、循环、可持续的生活方式十分契合，对全面推进乡村振兴有着不可忽视的意义。在乡村振兴建设中，农耕文化也为推动乡村健康可持续发展提供了新鲜活力。

三、深度挖掘和开发农耕文化为乡风文明提供内涵载体的作用

习近平总书记指出，"乡村文明是中华民族文明史的主体，村庄是乡村文明的载体，耕读文明是我们的软实力"。农耕文化作为久经历史考验的中华民族优良传统文化，历来重视家庭和睦、邻里相助、诚信重礼的道德规范，其中蕴含着优秀的思想观念、人文精神，在凝聚人心、引导村民、淳化民风中发挥着重要的作用，是乡风文明的活水源泉，同时也是推动乡村振兴的精神指引和道德引领，潜移默化地影响和引导着农民的生产生活，润物细无声地激发人们建设乡风文明、民风融洽、家风和睦的乡村风貌，为乡风文明建设提供了内涵载体。

四、深度挖掘和开发农耕文化为治理有效提供经验借鉴的作用

实现乡村有效治理是乡村振兴的重要课题。在历史悠久的农耕文化长河中，形成了耕读传家、父慈子孝的祖传家训，邻里守望、诚信重礼的乡风民俗，邻里协商、尊法说理的法理概念……长久以来为解决邻里纠纷和乡村治理提供了智慧支撑。我国古老的农耕文明诞生于乡土之间，也为乡村治理积累了许多约定俗成的规则和可供参考的治理范式。如新时代推广的"枫桥经验"，就是在农村治理过程中形成的化解基层矛盾的有效措施。凭借着深厚的农耕文化历史底蕴，悠久的德治传统，塑造了当地淳朴的民风，使乡村治理更为有效，社会秩序更为稳定。深度挖掘和开发农耕文化中所蕴含的道德规范，强化道德教化作用，积极引导重义守信、勤俭持家精神，对于提高农村居民的道德水平和乡村治理能力具有非常重要的作用。

五、深度挖掘和开发农耕文化为生活富裕提供精神引领的作用

实现生活富裕要夯实乡村振兴的精神基础。长久以来华夏人民在这片土地上为推进劳动生产进行了艰苦的奋斗和努力的探索，在农耕过程中凝结出了"愚公移山""大禹治水"等百折不挠、勇于创新和乐观向上的精神文化。可见，农耕文化既是中国几千年耕作历史的绵延和赓续，同时也是先人智慧的凝结，对农耕文化进行挖掘和开发，有助于将经济建设过渡到精神文化建设上，在不断提升农村经济水平的同时为人民提供精神支撑，从而提高农民的素质，提升农村文化建设水平。

第二节 │ 农耕文化在乡村振兴中的传播路径

农耕文化作为中华文明的重要组成部分，承载着中华民族生生不息的精神基因和文化密码，是乡村振兴战略中不可或缺的文化资源和精神力量。在新时代背景下，农耕文化的传承与传播不仅是文化自信的体现，更是推动乡村文化振兴、实现乡村全面振兴的重要抓手。通过创新传播方式、整合多元资源、挖掘文化内涵，使农耕文化在民俗节庆、教育教学、多元媒体、文旅融合和传统技艺等多个领域中焕发出新的生机与活力，既是守护文化根脉的必然要求，也是助力乡村全面振兴的应有之义。

一、推动农耕文化在民俗节庆新活动中传播

民俗节庆活动是农耕生活的延续，其中蕴含着与一方土地血脉相连的农耕文化，凝聚着中华民族数千年来的生产生活经验和智慧，体现了中华民族对和平、美好、幸福生活的向往。民俗节庆活动已经不再只是"热闹一阵"，随着国家对非物质文化遗产的重视，各地民俗节庆活动慢慢走入大众的视野，且开展得有声有色。在民俗节庆新活动中传播农耕文化主要有三个途径。

一是以节为媒，设立和创办具有地方特色的农耕文化民俗节庆活动，推动农耕文化的传播。常态化开展独具特色的中国农民丰收节、庙会和浪山节等农耕文化节庆活动，将农耕文化宣传教育融入民俗节庆活动中，积极推广和传播农耕文化，丰富广大农民的精神文化生活，激起并营造知农爱农的浓厚氛围，让大众受到农耕文化的精神熏陶，唤起人们的乡愁之情，展示新时代乡村振兴的精神风貌。

二是推动传统农耕文化与现代文明有机融合，打造符合新时代发展潮流的民俗节庆活动。民俗节庆活动作为农耕文化的一个鲜明传播载体，要立足乡村地域特色和农耕文化资源，更需要赋予它们新的时代内涵。在民俗节庆活动中要提高对农耕文化资源的研究阐释和展示传播水平，结合年轻人喜欢和易于接受的符号、文化、语言等，推出农耕文化和时代潮流相结合的民俗节庆活动，让农耕文化在时代发展的潮流中得到更好的传承和展示。

三是让民俗节庆与农业遗产相融合，让传统农耕文化焕发新活力。在民俗节庆活动期间，举办与民俗节日相关的农耕非物质文化遗产展示、展演、论坛和讲座等活动，让民众通过参与节庆活动，了解农业遗产背后的科学价值和人文意义。同时，借助民俗节庆的欢乐氛围和高参与度，吸引更多人关注农业遗产的保护与传承，通过举办相关体验活动等，使农业遗产不再只是冰冷的历史遗迹，而是成为充满活力、能让民众切实感受和参与其中的文化盛宴，进而促

进农耕文化的全方位传播，为乡村振兴注入深厚的文化底蕴。

二、推动农耕文化在教育教学新趋势中传播

教育是文化振兴的重要抓手，发挥教育的育人功能，是激发农耕文化活力的重要举措。推动农耕文化在教育教学中传播，不仅是保护生态环境和繁荣农村文化的需要，也是弘扬和践行社会主义核心价值观的需要，更是发展现代高效生态农业、振兴乡村经济的需要。当前的教育教学已经不再是以往"填鸭式"灌输的教学模式，更注重学生综合能力的培养和多元化的发展，更强调学生的主动性和实践能力，以全面提升学生素质。在教育教学的新趋势中推动农耕文化的传播主要有两个途径。

一是充分利用学校这个教书育人和文化传承的核心阵地，为大中小学不同层次教育设计适宜的农耕文化传播策略。在基础教育阶段，将农耕文化融入思想政治教育中，注重中小学生的劳动教育和农耕研学，让基础教育作为农耕文化的培育起点，提升青少年群体的乡土文化自信；在高等教育阶段，将农耕文化教育渗透到学科教学中，开展农耕文化教育、农耕文化研学活动，举办农耕文化体育、艺术节等第二课堂实践活动，充分发挥农耕文化在高等教育中的培根铸魂作用，为乡村振兴培育更多具有农业情怀的高素质人才；在职业教育阶段，将农耕文化融入知识和技能传授的全过程，同时利用职业教育推动农耕文化的创新与发展，培养学生对农耕文化中精益求精的工匠精神的追求，为乡村振兴输送更多高素质技术技能人才。同时依托职业教育的社会服务能力，对非遗传承人、工匠进行现代化技能培训，不断促进传统手工艺的创新发展，更好唤醒农耕文化的生命力。

二是要充分发挥教师在教育教学中作为引导者的作用，构筑农耕文化教育体系。深挖农耕文化的教育内涵，将农耕文化教育与各学科课程相结合，选择恰当的教学方法，创新文化教学方式，将农耕文化融入教育之中，培养学生自主学习精神和自我教育能力等，使农耕文化潜移默化地根植于学生的内心，涵养学生的品德，提升学生对农耕文化的认同感。

三、推动农耕文化在多元媒体新平台中传播

在大数据时代的浪潮中，数字媒介技术和移动互联网的迅猛发展，使人们深刻体验到"流量生活"所带来的变革。自媒体类、直播类、电商类等平台也在这股潮流中蓬勃发展。随着信息化的不断推进，反映田园诗意的农耕生活视频成为网络关注热点，农产品成为直播电商的常客，深受大众喜爱，传统农耕技艺也在短视频平台得到推崇。为了让大众更好地了解、接受和认同农耕文化，利用多元媒体平台传播农耕文化是必不可少的重要途径。要在多元媒体新

平台中推动农耕文化的传播，要做到以下几个方面。

一是通过不同媒体平台，展示农耕技艺和成果。在短视频平台，加大对农耕技艺的展示。如：阿木爷爷凭借一双巧手，利用卯榫技术把寻常的木头变成精巧的工艺品，使自己迅速"火"出圈，让广大网友见识到化腐朽为神奇的传统技艺，令网友惊叹这神奇的"功夫"的同时，形象地展示农耕传统技艺的魅力。在电商直播平台，注重农产品和农耕衍生品的推广和销售。在推广和销售过程中不仅要考虑其带来的经济效应，同时也要挖掘其蕴含的浓厚农耕文化价值，让受众群体从中感受到农耕文化的深厚底蕴。例如，主播可以在介绍农产品时，讲述其种植的传统方法、背后的农事节气知识，以及与之相关的乡村故事等，将农产品与农耕文化紧密结合，使消费者在购买产品的同时，也能对农耕文化有更深入的认识。通过这样的方式，在不同媒体平台上全方位、多角度地展示农耕技艺和成果，让更多人领略到农耕文化的独特魅力，吸引更多人关注和喜爱农耕文化。

二是巧借不同媒体平台，讲好农耕文化故事。构建具有鲜明农耕文化特色的战略传播体系，在平台发起农耕文化相关话题讨论，充分挖掘其中的文化内涵。以农耕文化故事为内容主导，突出展示农业成果和地方特色，彰显农民勤劳生活、自给自足的卓越品质。不断为农耕文化注入新的精神内涵，使其在现代社会中焕发活力。着力提升农耕文化的传播影响力、感召力和引导力，增加其在平台传播中的"附加价值"。推动农耕文化内容向更多多媒体平台拓展，利用新时代媒体平台的传播优势，努力将农耕文化融入大众的日常生产和生活中。

四、推动农耕文化在文旅融合新业态中传播

近年来，旅游消费趋势正从传统的景点观光向休闲度假、深度体验转变，更加注重精神文化享受，文旅融合"火"起来了。各地纷纷"活化"文化资源，深入挖掘蕴含其中的精神内涵，推动中华优秀传统文化、社会主义先进文化等与旅游产业深度融合。旅游逐渐成为人们感悟中华文化、增强文化自信的重要途径。要在文旅发展新业态中推动农耕文化的传播，需要做到以下两个方面：

一是开发农耕文化旅游参观项目。深层次发掘和激活当地的农耕历史和农耕特色，围绕农耕文化主题打造专项旅游产品、精品旅游线路等。推进农文旅融合向纵深发展，集合传统生产方式、传统农具、农耕习俗等农业资源打造农耕文化长廊、村庄历史馆、农耕文化馆等供游客深入了解和体验；开发推广一系列展现农耕文化的文艺表演活动，不断提升乡村文化魅力，让农耕文化走进游客心中，唤起游客的乡土情怀，将游客留住。

二是发展独具特色的农耕体验项目。开发耕田插秧、果蔬采摘等农文旅体验项目，打造"共享农场""研学拓展"等深受大众喜爱的基地。围绕农耕文化配套良好的旅游环境，将农耕文化巧妙地融入旅游中。通过农耕体验项目让每一位游客身临其中，更好地体验乡村之乐、丰收之喜，感受乡愁乡情，感受农耕乐趣。利用旅游业发展不断传承和弘扬农耕文化，推动乡村特色文化旅游等乡村发展新业态，让游客流连忘返。

五、推动农耕文化在传统技艺新传承中传播

传统非遗技艺正从过去的抢救性保护、展览式传播，逐步有机地融入百姓日常生活文化之中、深度嵌入文化产业发展之中。当前，活态传承越来越受到人们的青睐，"见人见物见生活"的理念已成为传统技艺传承发展的共识。推动农耕文化在传统技艺新传承中传播可以从这两个方面着手。

一是让农耕文化在传统技艺新传承中"活"起来。历史上，农耕生活孕育了众多铁匠、木匠和石匠等手艺人，相关传统技艺在世代的传承中得以发展，支撑并推动了农村社会的进步。现代的智慧农业技术同样源自传统农耕实践，随着农耕技术的演进，这些传统农耕手艺逐渐淡出人们的日常生活。因此，必须持续加强村史馆、非物质文化遗产传承基地以及技能大师工作室等农耕文化传承场所的建设与维护，激活农耕文化传承的活力。通过集中展示具有地方特色的农耕产品和技艺，不断增强村民对农耕文化的认同感和自豪感。

二是让农耕文化在传统技艺新传承中"潮"起来。跨界融合已经成为文化传承创新的重要表征，要推动农耕文化在传统技艺的新传承中不断创新和发展，将农耕文化元素作为技艺传承的创意源泉，展现出其与时俱进的时代气息和创新活力，不断丰富农耕文化发展和传承形式，形成生产实践和生活体验相结合的新型传承模式，让农耕文化在传统技艺的新传承中展现新的魅力和风采。

第三节 | 农耕文化在乡村振兴中的创新传承

农耕文化是中华文明的根基，承载着中华民族数千年的智慧结晶和文化记忆。在乡村振兴的宏伟蓝图中，农耕文化的保护与传承不仅是文化自信的体现，更是推动乡村经济社会全面发展的内在动力。通过创新传承农耕文化，能够有效激活乡村文化资源的内在价值，为乡村发展注入新的活力与内涵。在新时代背景下，如何将传统农耕文化与现代文明要素有机结合，赋予其新的时代意义，已成为乡村振兴战略中的重要课题。

一、推进农耕文化资源的开发利用

我国幅员辽阔，农业历史悠久，农耕文化博大精深。要深入挖掘各地的传统技艺、乡风民俗、历史文脉等农耕文化资源，赋予乡村产品以乡土气息、独特品质和历史深度。推进农耕文化资源的开发利用，必须坚持文化引领、产业带动，促进文化产业人才、资金等要素向乡村涌流，推动农村一二三产业融合发展，在提高产业文化内涵的同时，催生别具一格、多元发展的新业态和区域公共品牌形象，培育乡村发展新动力，使得农民收获产业发展带来的经济收益，提升农民幸福感和获得感，助力乡村全面振兴。

二、推进传统民间技艺的传承发展

在农耕文明的演进中，众多传统技艺得以流传。老手艺和工艺不仅是各地农耕文化资源的重要体现，也是地方特色产业文化的重要组成部分。应该继续推动这些传统民间技艺的成果惠及民众，不断增强人民群众的参与感、获得感、认同感。一方面，可以通过举办各类传统民间技艺展览、体验活动，让民众近距离感受其魅力，激发大众对传统民间技艺的兴趣和热爱，引导更多人参与到传承中来。另一方面，鼓励传统民间技艺与现代科技、设计相结合，开发出既保留传统韵味又符合现代审美需求的新产品，拓宽其市场空间，增加从业者的收入，从而为传统民间技艺的传承提供更坚实的经济基础。此外，还须加强对传统民间技艺传承人的培养，通过设立专门的培训课程、师徒传承奖励机制等，吸引更多年轻人投身到传统民间技艺的学习与传承中，让这些宝贵的技艺在乡村振兴战略中焕发出新的生机与活力。

三、推进乡土文化艺术的弘扬焕新

在乡村全面振兴的道路上，乡土文化构成了乡村建设的核心，是乡村发展的重要精神支柱。它不仅是历史的记忆，更是面向未来的希望之光。悠久的农耕文明，孕育出了诸多民间艺术、手工技艺、民族服饰等非物质文化遗产，它们以自身独特的魅力，吸引着人们走进乡村、了解乡村、热爱乡村。推动乡土文化艺术的发展，要发挥文化传承人、文化能人和乡村文艺队伍的作用，鼓励艺术家与乡土文化艺术创作者合作，以乡土文化为灵感源泉，创作更多具有时代特色和艺术价值的作品，提升乡土文化艺术的整体品质和知名度，引领和带动乡土文化发展，让乡土文化艺术真正成为乡村全面振兴的强大动力。要注重乡土文化的创新与发展，深入挖掘乡土文化的内涵特质，赋予其新的时代内涵，加强对乡土文化的保护与传承，让乡土文化在新时代焕发出新的生机与活力，用艺术焕发乡村之美、赋能乡村全面发展。

第二篇 农业研学

第五章
农业研学的总体概述

第一节 | 农业研学的内涵特征和功能意义

一、农业研学的内涵特征

研学是科普实践教育的重要手段，是为了强化教育受众的实践能力，突破课堂空间局限和纯书本教学的弊端，以研学为手段的一种教育实践活动。在我国，研学旅行的概念由教育部于 2013 年提出，目前没有权威综述来定义其内容，在 2016 年国家 11 部委又联合发布了《关于推进中小学生研学旅行的意见》，要求政府部门与社会力量积极配合，指导落实中小学生进行研学旅行。鉴于农业是物质资料生产的第一方式，是人类社会生存发展的基础和载体，可以说农业研学旅游是研学旅游的重要模式之一。

农业研学旅行，是指以大中小学生为主体，以拓展农业认知、感悟乡土情怀、提升学生综合素养为目的，依托农业文化、农业产业、农村设施与器具、农业生态、农业建筑、农业名人、农业文艺等资源，融道德教育、劳动教育和生活教育等内容为一体，进行有计划、有组织的研究性学习和旅行体验相结合的主题实践活动。农业研学旅行包括科技文化研学活动、红色文化研学活动、农业基地研学活动和综合性研学活动。农业研学注重科技、生态、健康等多方面因素，为现代农业注入新的活力。

农业研学的目的主要包括培养学生的实践能力和动手能力、增强环境保护意识，以及使学生通过实地考察和亲身参与深入了解农业生产的基本流程和相关技术。农业研学活动为学生提供了独特的学习场景。学生可走进农田、果园、养殖场等，实地参观和亲身体验农作物种植和管理、农业机械操作、农产品加工、畜牧养殖等过程以及农村现实生活，直观学习农业知识，了解农业生产周期与规律，弥补了传统课堂教育中农业知识匮乏的短板，是对学校教育的有益补充，有助于培养学生的实践能力与对自然的认知，让学生掌握相关的技术和工艺，加深对农业生产的认识和理解，从而实现农业研究教育的目的。此外，农业研学活动还强调环境保护意识的培养。由于农业活动与环境密切相关，通过参与农业研学活动，学生可以深刻了解农业活动对环境的影响，从而增强环境保护意识，促进可持续发展。农业研学强调实践与学习相结合。农业研学通过实践活动，系统培养学生的实践操作能力、团队合作精神，并强化其环境保护意识。这一过程不仅促进学生的全面发展，还可为未来的农业领域输送具备综合素质的优秀人才。

二、农业研学的功能

农业、农村、农民是鲜活的实践教育资源，可以开发丰富多彩的农业主题研学旅行活动，让参与者感知民俗、追寻农史、体验农事、探索科学、崇尚自然，对于树立文化自信、厚植爱国情怀、提升品格修养、培养精神信仰等具有重要作用。农业研学旅行具有多重功能，主要有教育功能、文化功能、社会功能、经济功能等。

（一）教育功能

农业研学通过引入新技术和新产品，为学生提供与现代农业科技互动的机会。例如，通过设置教学农业温室，展示基于模块化理念的城市农业研学物资包和产品包，使学生亲身体验现代农业的高效和便捷。这种教育模式不仅让学生学到了农业知识，还激发了他们对农业科技的兴趣，为农业领域培养了潜在的人才。农业研学旅行活动强调以价值和目标为导向，融合品德教育、劳动教育和生活教育等内容，旨在提升学生的综合素质。通过融入农业元素，学生能够体验农耕文化，认识农业的价值和发展，从而开展与农业、农村、农民相关的思考及研究探索。这种教育模式不仅开阔了学生的视野，还培养了他们的劳动精神和社会责任感。

（二）文化功能

农业研学让学生走进乡村，参与农耕活动、了解乡村的节庆习俗、访谈非物质文化遗产传承人等，使学生深刻感受乡村文化的魅力，从而增强对农业和乡村文化的认同感，培养乡土情怀和劳动精神。同时促进农民就业增收，还带动人才链、产业链、创新链的升级，完善旅游基础设施，提升村居环境，进一步推动乡村精神文明建设。农业研学通过结合美育实践项目，提升学生的审美素养和认知能力。以福建农业文化遗产研学为例，通过组织学生走进农业文化遗产这一生动的"大课堂"，开展形式多样的实践，引导学生提升审美素养，温润心灵。这种教育方式不仅丰富了学生的学习体验，也深化了学生对自然环境和传统文化的认识和尊重。农业研学通过发掘和利用乡村的自然资源和文化遗产资源，如森林、山丘、湖泊、溪流、草原、湿地等自然地貌，以及农业物质遗产和非物质文化遗产，促进了乡村旅游的发展。例如，通过开发森林人家、林间步道、健康氧吧等产品，以及建设研学实践、科普教育等实训基地，有效推动了乡村旅游和经济的协同发展。

（三）社会功能

农业研学通过深入贫困偏远农村地区，依托当地农业资源发展特色体验式研学旅行，并联合当地旅游部门以及相关管理部门，整合当地旅游资源，在为农村地区带来研学创收的同时完善相关基础设施建设，双向带动乡村振兴与精准扶贫。发展研学旅行，可以拓宽富民新路径，使农民就地转岗为服务人员、"农事教师"等，村级集体经济通过入股研学基地、共建研学基地开展产学合作等方式，既获得分红收益，又构建起稳定的农产品销售渠道，有效破解了农产品滞销难题。

（四）经济功能

农业研学已成为驱动乡村经济振兴的重要引擎。通过研学旅行，学生得以沉浸式体验乡村生活和农事劳作，既直接增加农民就业岗位和经营性收入，又倒逼旅游配套基础设施的升级和村居环境的改善，从而推动乡村经济多元化发展。具体实践中，通过盘活闲置农房、闲置集体土地、闲置景观景点等乡村"沉睡"资源打造研学基地集群，为当地带来了显著的经济效益。该模式一方面吸纳当地村民参与基地运营服务，另一方面建立定点采购体系消耗当地的农产品，从而串联起乡村旅游、特色种养、餐饮住宿等关联产业。实践证明，通过文旅融合和研学实践，这些基地为当地提供了就业机会，催生了乡村振兴的新质动能，增强了乡村经济功能。

三、农业研学的意义

作为农业大国，我国拥有悠久的农业发展史，农业知识与技术的传承、普及、传播具有十分重要的意义。农业研学作为一种独特的户外教育方式，不仅有助于学生直观感受农耕文化，更能通过实践操作深化学生对农耕知识与技术的理解，从而使学生真切领悟先人的智慧。

（一）促进学生全面发展

乡村地区拥有丰富独特的自然景观、历史遗产、民俗文化和古建筑等资源，可以为学生提供多元化的学习内容和实践体验。农业研学活动让学生亲身体验农作物的生长过程和农业劳动的艰辛，从而深刻理解食物的来之不易，培养节约粮食的意识，同时提升对农业的兴趣和尊重。通过参与生态保护实践、文化传承活动，以及掌握农业劳作、手工艺制作等各种技能，学生的综合素质得到提升，这对其未来职业发展具有重要意义。学生在深入了解乡村文化和生活的过程中，可增强对乡村的理解和认同感，进而激发他们保护和传承乡村文化的意识，最终形成建设乡村的"内源式"精神动力。

（二）建立校企合作机制

当前各研学基地普遍倡导且积极寻求与校方合作，并主要由校方对课程体系与内容进行筛选，精准对接学生知识盲区，为其匹配合适的学习场地。校方与企业方分工协作，分别把握课程的输出与输入，不仅能够提升学生研学实践能力与专业认知水平，还为实现教育资源优化配置，为双方节省人力物力等教学成本、提升育人效率提供渠道和路径。建立校企合作机制，整合企业与学校的资源优势，通过产学研农"一体化"合作，共建集学生实训、实习、就业创业和干部职工继续教育于一体的复合型培养基地，系统打造现代农业类专业人才队伍，共建"乡村振兴共同体"等产教融合发展平台，围绕现代农业技术推广、乡村文化传承等领域开展公益服务，为乡村振兴、产业发展提供持续智力支持与产业动能。

（三）推动乡村振兴和农业现代化

近年来，研学教育与乡村文旅融合发展趋势越发明显，乡村旅游通过嵌入研学旅行产品，增进了城乡间的互动，推动了乡村教育和文旅研学共同发展。农业研学有利于农民就业与增收。农民变身"研学导师"，将研学旅行与劳动教育课程紧密相连，发挥当地农人自身专业技能优势。聘请"乡村能人"加入研学旅行团，以"技术顾问"的身份，对学生进行农业劳动、非遗技能培训指导等，拓宽就业渠道，一举两得。从产业发展角度看，研学也可增加乡村人气，带来流量，带动乡村消费和经济增长，拓宽农民增收渠道，缩小城乡差距，促进城乡共同发展，从而推动乡村振兴和农业现代化。

（四）农耕文化与传统价值传承

农耕是衣食之源，文明之根。中国的农耕文化以其独特的文化价值和人文价值，向世界展示了中华文明的无穷魅力与风采。农业的发展、开拓、繁荣，为中华文化的发展提供了重要支撑，继承和弘扬传统农耕文化是中华民族生生不息的重要动力。农业研学以农耕文化为基础，把传统农耕活动设计成学生亲近自然的田间课程。农业研学带领学生走进农村社区，了解当地的农耕文化和传统价值观。学生能够亲自参与种植、收割和加工农作物的过程，感受劳动的辛苦和收获的喜悦。在这个过程中，学生能够体验到勤劳、朴实和团结合作等传统价值观，并且理解劳动的重要性。这种体验有助于学生积极学习农业文化遗产的相关知识，增强历史自觉、坚定文化自信，自觉担负起新的文化使命，保护好、传承好、利用好农业文化遗产，传播好壮丽山水蕴含的农耕智慧与匠心精神，培养为社会奉献的意识。

第二节 │ 农业研学的理论基础和政策依据

一、农业研学课程化的理论基础

农业研学课程化是一项系统且科学的教育实践活动，其实施离不开坚实的理论基础支撑，各理论相互补充、协同发力，共同构建起农业研学课程化的理论框架，确保其在教育目标实现、教学活动开展、学生能力培养等方面具备科学性与合理性。

（一）课程理论

农业研学旅行作为一种活动课程，必须把课程理论作为最基础的理论依据。在课程理论中，最具有影响力和代表性的是泰勒的现代课程理论（图 5-1）和多尔的后现代课程理论（图 5-2）。两种课程理论在研究视角、方法等方面看似存在对立，但实则在构建课程理论基础等方面互相补充，共同构成农业研学旅行的课程理论基础。泰勒是现代课程理论的重要奠基者、科学化课程开发理论的集大成者，被誉为"当代教育评价之父""现代课程理论之父"，其著作《课程与教学的基本原理》被誉为"现代课程理论的圣经"。农业研学旅行课程的设计、开发与实施，也应该经历确定目标、选择资源、课程实施、课程评价四个环节，而这四个环节正是泰勒课程理论所倡导的，也是"三阶段四环节"研学旅行课程中"四环节"的主要理论依据。

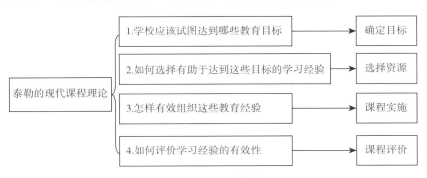

图 5-1　泰勒的现代课程理论

20 世纪 70 年代以来，后现代主义作为一种世界性的文化思潮，以猛烈之势批判、撼动着被视为过时的现代主义。以多尔为代表的后现代课程观在批判以泰勒为旗帜的现代主义课程观的基础上异军突起。多尔的后现代课程理论具有生成性、开放性、对话性、选择性的特点，顺应了人本化、个性化时代的特点和需求，是对泰勒现代课程理论的一种发展和补充，也是农业研学旅行课程个性化、人本化的重要理论依据。

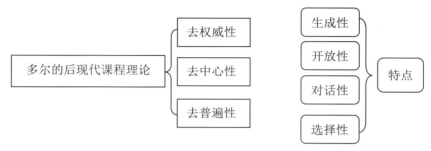

图 5 - 2　多尔的后现代课程理论

在研学旅行课程开发与实施过程中，泰勒的现代课程理论提供了课程开发与实施的基本框架，具有预设性、规范性、科学性、可操作性的突出优点；多尔的后现代课程理论提供了课程开发微型化、模块化、个性化的新思路和重要的理论支撑，具有生成性、选择性、个性化、人本化的突出优点。按照泰勒现代课程理论进行课程框架的设计与规划，按照多尔后现代课程理论进行课程设计的细化、微观化、操作化，实现泰勒现代课程理论与多尔后现代课程理论的有机结合，这是研学旅行课程开发与实施的最佳策略。

（二）人本主义学习理论

马斯洛和康布斯是人本主义思想理论的主要代表人物。马斯洛以人类的需求为依据提出了学习动机理论。他将人的需求分为两大类（缺失需要和生长需要）、七个层面。他认为人的需求会逐级上升，且只有在低级别的需求得到满足后，高一级的需求才会产生，对更高层次需要的追求就会成为驱使行为的动力。康布斯倡导教育的目的不能仅限于教给学生知识或谋生技能，应关注学生的情绪、态度、道德和价值判断等心理需求，注重学生知、情、意均衡发展，培养其健全的人格。他提倡教学应当充分挖掘学生所具有的各种潜力，培养学生为适应未来社会的多元化和复杂性所应具备的能力。农业研学课程尊重学生在学习中的主体地位，遵循学生的身心发展规律，满足学生的发展需要，开展适合学生的教育实践活动，促进学生知、情、意三方面的均衡发展。

（三）陶行知生活教育理论

"生活即教育"是生活教育理论的核心理念。陶行知呼吁要引导学生去感受、体验生活，获得真善美的人生感悟，认为生活中的一切事物都可以作为学习的对象，是生动形象的教学素材；反对传统教育与生活和社会相脱节、相隔离的状态，呼吁打破学校和社会的隔阂，驱动学生深入社会，在社会中学习知识；呼吁社会各方面的力量参与，加强学校和社会的联系；强调教、学、做合

一、注重学生将理论知识落实于实践，亲自在"做"的活动中获得知识。

农业研学旅行的开展，利于将生活教育理论落到实处。研学旅行将日常生活场景当成"上课的教室和书本"，加强了学校和社会之间的联系，向学生传递生活万物都蕴藏知识的信息。学生在农业研学旅行实践中与环境要素相互作用、与同学交流合作，加速实现社会化。农业研学课程化，把研学旅行纳入教学计划，强调了教育理应回归生活，教育理应面向生活、服务生活，让学生从生活中获得新知。学生不仅需要知识的教育，更需要生活的教育，不仅需要在书本上学习知识，更需要从鲜活的生活中习得知识，得到情感的陶冶、素质的提升。农业研学旅行课程主题在设计时除了要高度关注教育性、公益性和实践性，还要注意休闲性、自然性和生活性等。

（四）建构主义学习理论

在教育心理学中，所谓建构，就是学习者新旧知识及经验相互作用，使旧经验结构得以调整或形成新经验结构的过程。建构主义学习理论中的学习观包括主动构建性、社会互动性和情境性三个方面。该理论强调学生并非信息的被动吸收者，而是积极的信息建构者；学习的进行依赖社会文化环境，需要学习共同体进行探讨，共享学习资源并合作完成任务；所学习的知识无法脱离活动情景而抽象地存在，要和社会实践活动结合起来。

农业研学旅行将学生带到生动且真实的情景中，每个学生都有不同的体会与感受，这种情景适宜每一位学生发挥其学习的自主性和积极性，使教学具有普适性。在处理问题时，没有固定的教学方法，要根据教学情景和学习任务灵活转变。在研学过程中，学生探索者的身份，利于发挥自身的主观能动性；集体活动利于加强学生之间的交流，增强学生的社会性。农业研学课程化，坚持以学生为中心，设立研学目标，鼓励学生主动获取知识，开展会话交流和团队协作。课程注重学生的体验感、研究性和实践性。

二、农业研学的政策依据

随着人民物质生活水平的提高以及旅游业的蓬勃发展，旅游业的文化属性和教育功能逐渐受到公众的关注，研学旅行应运而生。国家出台了一系列政策推动研学旅行的规范化、专业化发展。

近年来，国家大力提倡研学旅行，先后出台了一系列政策。2013年2月，国务院办公厅颁布《关于印发国民旅游休闲纲要（2013—2020年）的通知》（以下简称《通知》），提出逐步推行中小学生研学旅行的设想，这是我国首次正式颁布与研学旅行有关的政策指示。自《通知》印发至今，国务院办公厅和相关部委均出台了相应的方针政策，为我国的研学旅行发展提供了一定的阶段性的政策扶持和保障（表5-1）。

表 5 - 1　相关政策

国家层面的政策依据		
年份	文件	内容
2016 年	教育部等 11 部门印发《关于推进中小学生研学旅行的意见》	要求各中小学结合当地实际，把研学旅行纳入学校教育教学计划，与实践活动课堂统筹考虑，促进研学旅行和学校课程有机融合。逐步建立小学阶段以乡土乡情为主、初中阶段以县情市情为主、高中阶段以省情国情为主的研学旅行活动课程体系
2017 年	教育部发布《中小学德育工作指南》	要求中小学广泛开展社会实践，每学年至少安排一周时间，开展有益于学生身心发展的实践活动，不断增强学生的社会责任感、创新精神和实践能力
2020 年	国务院编制《全国乡村产业发展规划（2020—2025 年）》	依据各类消费群体的不同消费需求，细分目标市场，发展研学教育、田园康养、亲子体验、拓展训练等乡村休闲旅游项目
2021 年	文化和旅游部发布《"十四五"文化产业发展规划》	加强对文化遗产资源价值的挖掘，鼓励依托文物、非物质文化遗产资源大力发展文化遗产旅游、研学旅游，开发集文化体验、科技创新、知识普及、娱乐休闲、亲子互动于一体的新型研学旅游产品
2021 年	农业农村部印发《关于拓展农业多种功能促进乡村产业高质量发展的指导意见》	打造一批循环农业、生态农牧、稻渔共生等生态样板，建设一批学农劳动、研学实践、科普教育等实训基地，创设一批农事生产、节气物候、自然课堂、健康养生等科普教程；开发"忆乡愁"产品，发展文化体验、教育农园、亲子体验、研学示范等业态，开展"体验乡村休闲、感悟乡土文化""乡味从未散去、回首已是千年"等活动，讲好乡村故事，吸引居民望山见水忆乡愁
2022 年	中央 1 号文件	将符合要求的乡村休闲旅游项目纳入科普基地和中小学学农劳动实践基地范围
2023 年	农业农村部 1 号文件	鼓励发展教育农园、研学基地、乡村露营游、乡土文化体验游等新模式
2024 年	文化和旅游部办公厅印发《关于促进旅行社研学旅游业务健康发展的通知》	鼓励文化、历史、艺术、科技、教育、体育、自然资源等领域和工业、农业、服务业等行业面向社会提供优质研学旅游资源

2021 年 7 月，"双减"政策落地，中小学研学旅行新需求被充分释放，研学旅行行业发展迎来新的机遇。在乡村振兴战略的基础上，农业研学作为美丽

乡村建设的一条新路径，对农业研学产品进行设计研究，能够不再让学生仅停留在图片资料以及导师讲解的学习层面上，而是进一步拓展农业知识学习深度与广度。2022年教育部发布《义务教育劳动课程标准（2022年版）》，劳动课正式成为中小学的一门独立课程，这表明国家已对农业研学劳动教育给予了空前的重视。

发达国家农业研学旅行课程的开发走在了我国的前面。在我国，农业研学旅行课程开发尚处于起步阶段，目前相关课程还未大范围走进中小学，缺乏政策的引导和支持，也没有成功的经验可以借鉴，趣味农业课程和科普农业课程的开发建设相对滞后。然而农业研学课程在学生学习农业知识、体验农耕文化上发挥着关键作用，我们要积极运用我国丰富的农业资源，开发农业主题研学精品课程，这对农业研学旅行的发展有重大作用。

第六章
农业研学的现状分析

第一节 | 农业研学的发展现状

研学作为一种全新的综合素质教育形式，采取"旅行＋教育"的模式，深受不同层次人群的喜爱。在此基础上，农业研学衍生出了研学与农业一二三产业融合发展的理念，通过农业科技展示、农业实践教育体验、农业产业观光、文化历史氛围渲染等方法，以大中小学生为主要的服务对象，开展农业相关知识文化的教育、科普以及体验等新型教育活动。

一、国际农业研学的发展

进入 21 世纪以来，重视校外教育成为世界范围内学校素质教育的重要趋势，越来越多的国家将研学纳入了教育体制。国外农业研学是随着劳动教育、研学旅行等理念和活动的发展而兴起的。比如，基于马克思、恩格斯"教育与生产劳动相结合"的思想，俄罗斯、古巴等国家开设了与农业生产劳动相关的系列课程；在"劳作学校"模式、"做中学"模式基础上，美国、英国、德国、芬兰、日本、韩国等国家开发了涉及农业的系列教育课程，这些国家的劳动教育都源于"手工艺教育""工艺、教育"，最终蕴含于技术教育之中。各国关于农业研学的提法不尽相同，但都从实际活动中体现了农业研学的内容。

日本重视劳动实践教育，1947 年立法明确相关事项，2006 年对该法律进行了修订。美国研学主要是营地教育，1988 年有观点提出营地教育是户外团队形式的持续体验活动，具有产业化等特点，课程活动丰富。古巴劳动教育是学生日常必需部分，宪法规定要联系学习与劳动等，20 世纪 70 年代起普遍推广，目的包括培养学生劳动习惯。

全球农业教育在过去几十年中经历了显著的变化，从传统的课堂教学模式转向更加综合和实践导向的教育模式。随着科技的进步，现代农业教育逐渐融入了信息技术、可持续发展和生物技术等新领域。

二、我国农业研学的发展

新中国成立以来，一直提倡教育与劳动实践相结合。长期以来，春游、秋游、远足、冬季越野等活动成为学校实践这一教育理念的重要模式。但真正具有现代意义的修学旅行活动是在改革开放以后才开始出现的。

1999 年我国启动第八次基础教育课程改革，2001 年相关文件提出构建符合素质教育的课程体系，明确农村中学课程要服务当地发展，还提出基础教育与农业农村融合的思路与路径。此后相关文件不断推进，2007 年指出农业有多种功能；2015 年强调推进农业与旅游等产业深度融合，建设教育实践基地；2017 年再次强调农业、林业与旅游、教育、文化、康养等相关产业深度融合；2018 年提出增加农业生态产品和服务供给，发展相关服务；2020 年提出发展乡村休闲旅游项目，建设学生实践教育基地等；2021 年提出开展耕读教育；2022 年教育部发布劳动课程标准，劳动课成为中小学独立课程，从日常生活劳动、生产劳动、服务性劳动三方面设置课程任务。这些政策逐步深化了基础教育与农业农村的融合，推动了教育与乡村产业、文化等的协同发展，对培养学生全面发展和促进乡村振兴具有重要意义。农业研学作为一个新兴产业，同时又是一门中小学国家课程，在国家政策的推动下，进入快速的发展阶段。

三、我国农业研学基地的开发现状

开展农业研学活动，须具备研学课程资源、配备接待服务设施、满足教学正常运行条件的场所，即农业研学基地。农业研学基地是开展农业研学实践教育活动的场所，它具有丰富的农业研学课程资源，配备了完善的接待服务设施和农业教育教学设施，服务于大中小学生等研学对象。

在《关于推进中小学生研学旅行的意见》等文件的指导下，各地针对"农业＋研学"展开了积极的尝试，建立了一批以农业农村资源为依托的中小学生研学基地。国家以及地方的教育、旅游行政部门和行业组织还评选出了一系列与农业相关的国家、省、市级研学基地，并向社会公布。这些以农业为主题的农业研学基地，是农业研学活动开展的重要支撑，对于农业研学旅行有着极为重要的意义。

2017—2018 年，教育部公布了两批共 581 个全国中小学生研学实践教育基地，其中不少是与农业相关的研学实践教育基地。例如，以水利部科技推广中心华东智慧灌溉科技推广示范基地为代表的农业科技推广单位，以全国农业展览馆为代表的农业主题博物馆，以及以广东广垦热带农业公园为代表的农业公园等。

2016 年，国家旅游局《关于公布首批"中国研学旅游目的地"和"全国研学旅游示范基地"的通知》（旅发〔2016〕8号），公布了20家全国研学旅游示范基地，其中，广西桂林市龙脊梯田景区、四川成都市都江堰旅游景区、河南安阳市红旗渠景区、安徽宣城市中国宣纸文化园等多家景区开展农耕文化、植物辨识、农业水利工程、农产品加工等方面的研学内容，成为优质的农业研学基地。

四、农业研学的经济和社会价值

（一）经济价值

直接经济收益方面，农业研学活动可以直接创造收益，如承办方、供应方直接获取的合同收入，提供场地、物料等获得的收益，研学旅行指导师、安全员、导游、司机等取得的工资收入等。间接经济影响方面，农业研学的发展推动了农业与旅游、教育等产业的深度融合，促进了农业产业的升级和转型。整合当地农业资源，发展特色体验式农业研学，不仅为农村地区带来了研学创收，还完善了相关基础设施建设。开展农业研学提供了研学指导师等诸多岗位，增加了就业机会，带动了教育培训、餐饮住宿、保险交通等相关行业的发展，繁荣了农业研学基地（营地）所在地的经济，以及增加了周边城乡居民的相关收入等。

（二）社会价值

推动农业教育方面，学生通过学习各类农业知识，提升农业知识水平，构建农业知识体系；通过参与各类农技活动，培养农业相关能力，掌握相关农业技能；通过了解农业农村农民，树立服务"三农"志向，激发爱国爱民热情。传承农业文明方面，农业研学的文化功能主要体现在传承和发扬农耕文化。通过农业研学体验，学生可以更深入地了解农业文化，培养对农业的兴趣和热爱，有利于引导全社会关注农业、关心农村、关爱农民，塑造全国人民的农业情怀，促进优秀农耕文化的传承和发展。助力乡村振兴方面，农业研学在促进乡村发展方面发挥了重要作用。借助农业研学活动的开展，农民可以更为高效地整合与利用当地资源，积极推动特色农业和乡村旅游产业的协同发展，进而创造更多的就业岗位，并持续改善农村基础设施条件。农业研学也可吸引社会投资主体投资乡村地区的农业、文化、旅游、教育等产业，促进产业兴旺，助力乡村振兴。

第二节 | 农业研学的主要模式

一、依托农业科技单位，创办研学教育

农业科技单位往往汇聚了前沿的农业科研成果、专业的科研人才以及丰富的农业资源，可为研学教育提供专业的内容和丰富的实践场景。在农业研学蓬

勃发展的当下，依托农业科技单位创办研学教育的模式展现出独特的优势与活力。众多地区凭借农业科技单位在农业科研、技术推广等方面的专业能力和资源优势，积极搭建农业研学教育平台。

重庆涪陵农业科技研学实践教育基地便是这一模式的典型代表。该基地位于涪陵国家现代农业产业园科技核心区内，距离涪陵城区 15 公里。基地依托单位是重庆市渝东南农业科学院。重庆市渝东南农业科学院作为国内唯一系统开展榨菜综合配套研究的科研单位，建有国家蔬菜改良中心涪陵榨菜研究中心、南方芥菜品种改良与栽培技术国家工程实验室、国家级博士后科研工作站等 14 个国家级、市级农业科技创新平台，为重庆涪陵农业科技研学实践教育基地提供优质教育资源。

重庆涪陵农业科技研学实践教育基地占地面积 840 亩，建有科研试验示范基地 150 亩，水上科技创新园 2 400 平方米，以及包括研学实作共享农场、研学实作教室、研学餐厅等一系列研学场所，可同时接纳 1 000 人开展学生研学活动。基地配备有专兼职研学导师，主要开展以"热爱农业、崇尚科学"为主题，集科研科普实践于一体，融合传统农业、现代农业与都市农业的中小学生研学实践教育活动。基地开发有农业科研、学农教育、传统民艺、艺术创意、自然博物、户外拓展等课程 120 余个，将农业项目与科技运用原理进行巧妙的融合，把农业知识与人工智能、大数据处理融为一体。基地全面推行素质教育，让学生走进农业科研，学习涪陵榨菜生长的奥秘、探索大米的真谛，以及了解水稻抗性技术、无土栽培等高新农业科研技术。加强对农业科研知识的宣传、普及和推广，培养学生对农业科研的兴趣，让学生感受农业科研工作者的"科学家精神"，锻炼学生手脑的协调性，提高学生的专注力和耐心。

重庆涪陵农业科技研学实践教育基地被重庆市委宣传部、市文明办命名为"重庆市最受欢迎校外劳动实践场所"，被重庆市教委命名为"重庆市中小学社会实践教育基地"，同时基地获评"全国科普教育基地""科普重庆共建基地"，所在的科普研学线路入选"成渝地区首批十佳科普研学线路"等。

二、依托农业展馆资源，开发研学产品

农业展馆作为农业文化与知识的集中展示地，拥有丰富的实物、图片、文献等资料，能为研学活动提供直观且全面的学习素材。在农业展馆中，学生们可以近距离观察古老的农具，感受先辈们的智慧；通过图片了解不同时期农业的发展变迁，拓宽历史视野；阅读文献深入探究农业理论的演变。这种沉浸式的学习环境，能极大地激发学生对农业文化的兴趣，培养他们的探索精神。

以西北农耕博物馆为例，它是西北五省（区）唯一一家以农耕文化为展览内容的专业性博物馆，其凭借独特的定位和丰富的馆藏，为开发基于农业展馆

资源的研学产品提供了宝贵的范例。该博物馆于 2018 年被评为全国中小学生研学实践教育基地。该馆以宁夏、陕西、甘肃、青海、新疆五省（区）农耕文化为主题，以西北农耕工具发展演变为主线，运用传统艺术和现代科技相结合的陈展方式，全面展示了西北农耕发展历史、农业劳作工具及农作物品种，科学彰显了西北地区农业发展过程，以及劳动人民在干旱恶劣的自然条件下抗争拼搏、锲而不舍的奋斗精神，以及宽厚淳朴的民风和璀璨斑斓的文化特色。主展馆分为序厅、尾厅和"原始社会"展厅、"先秦时期农耕"展厅、"秦汉至隋唐时期农耕"展厅、"宋元明清时期农耕"展厅、"近现代农耕"展厅七个部分及车的演变、农业百工、农耕十大名人三个特色展厅，共陈展大型浮雕 3 幅，神农氏、后稷站像各一尊，展品 2 000 余件，其中三级以上文物 156 件，大型油画 4 幅，农作物品种标本 60 种，涉农典籍和人物肖像 100 本（幅）、大小展板 239 块。利用基地资源开发各类农耕文化主题研学活动，例如开展"走进新石器时代——制作陶器"研学活动，让学生了解农耕文明演变历史，学习新石器时代陶器制作工艺。

三、结合农业特色产业，开展研学活动

农业始终处于动态发展的进程之中，其活力不仅源于历史文化的深厚积淀，更在于特色产业的蓬勃兴起与繁荣发展。农业特色产业是地域特色、产业技术与市场需求有机融合的产物，涵盖生产、加工、销售等全产业链环节，蕴含着丰富的知识、技能与文化内涵，可以为研学活动提供真实、多元的实践场景。学生能够在特色产业研学活动中将理论知识与实际操作相结合，实现深度学习与综合素养的提升，使研学活动更具实效性与教育价值。

以广西南药康园中草药研学基地为例，该基地依托广西药用植物园雄厚的专家技术团队优势，以现有特色南药资源为基础，以"推广中药文化、传播国粹精华"为教育使命，以"教给孩子们终身受用的中药文化和知识"为教育目标，打造广西中小学生南药研学实践教育基地。基地将园区划分为植物组培科普区、南药特色产品展示区、户外种植区、沙生植物区、南药品种展示区、植物辨识区、兰草区、毒草区、凉茶区、药食同源区，中药文化展示馆、南药标本展示馆、中药科普馆、中药体验馆、中药手作馆。在"十区五馆"开展南药主题研学实践活动，以新颖、活泼的形式与学校课程联动，让学生所学的校内外知识得到充分融合。基地以体验式教育和研究性学习为主要方式，结合不同学段学生特点，分别设置了科普式、体验式、实验式、实践式、培训式、探索式等不同形式的南药主题实践教育活动，以满足不同学段学生的研学需求，旨在让学生初步了解中国传统医药知识和相关技能，从小了解本地药都文化及其发展脉络，培养对家乡的认同感和自豪感。基地自创建以来，先后获得了玉林

市青少年科普教育基地、玉林市中小学生研学实践教育基地、玉林市文化产业示范基地、玉林市"两新"组织党建学院现场教学点、广西中医药文化宣传教育基地、广西中小学生研学实践教育基地等称号。

四、利用生态农业模式，打造农业研学课程

生态农业模式遵循生态学原理和经济学规律，致力于实现农业生产与生态环境的协调发展，不仅蕴含着丰富的科学知识，还承载着深厚的生态文化内涵，其重要性日益凸显，已成为打造优质农业研学课程的关键要素。引入生态农业模式，可引导学生深入探究生态系统的运行逻辑，深刻领悟人与自然和谐共生的意义，从而树立绿色发展、循环理念。

四川凡朴生态农场是将生态农业模式应用于农业研学课程的成功范例。该农场坐落在四川崇州市隆兴镇，是世界有机农场机会组织（WWOOF）的成员，占地约138亩，其巧妙地利用乡村资源开发研学资源，开展研学教育。农场内牛舍、菜地、自助厨房、儿童空间、染坊烘焙室、动物区、生活实验室、鱼塘、草地等区域可供开展旅行研学、田园生活体验等活动。凡朴研学以"自然永续、返璞归真"为核心理念，开发农耕、食育、创客、美育、手作、非遗、自然、建造等课程，以趣味游戏、主题探索、讲解科普、沉浸体验等方式进行项目制学习，建立起生活实验室田园、在地食农、可持续生活、乡村自然游戏等多样化课程体系。其中，生活实验室田园研学课程以自然为师，让学生在自然中学习田间农耕，体验生态农场建造和生态永续的生活方式，包括堆肥箱、昆虫屋、鱼菜共生等生态农业研学内容。

五、依托科研单位，开展研学教育

科研单位的农业科普资源十分丰富，是开展农业研学的又一大载体。同时，农业科技人员凭借其对农业生产和创新活动的了解，成为农业科普研学教育有生力量的重要补充。当前，全国各地在科技创新领域已经开始重视结合开展科普活动，一方面要求在组织实施科技项目时加强科普宣传，另一方面在组织评选成果奖项时设立科普赛道，引导广大科研单位积极投身全民科普、大众科普之中。

如中国科学院西双版纳热带植物园，依托自身作为集科学研究、物种保存和科普教育为一体的综合性研究机构和 AAAAA 级旅游风景区的优势条件，成功申报成为首批全国科普教育基地、全国研学旅行示范基地、全国中小学生研学实践教育基地。植物园作为隶属于中国科学院的独立科研机构，拥有强大的科研力量、优美的园林景观和丰富的热带雨林生物、少数民族文化等资源，研学师资队伍根据版纳植物园园区的特点量身设计研学课程，主要推出依托热

带生物资源的自然体验型活动、依托民族文化资源的文化体验型活动和依托中科院科研资源的科学探究型活动。先后开展生态保护、生物多样性保护、热带雨林、两栖动物等主题的科普教育研学活动，例如，"观鸟课堂·版纳常见鸟种"系列课程、"发现雨林之美""与孩子共享自然"科普活动、"成长中的望天树"系列科普讲座、"毛毛虫的秘密"等"自然观察俱乐部"课程活动，活动内容丰富且不断推陈出新，深受欢迎。

六、走进民俗村寨，开展研学旅行

民俗村寨是特定地域历史文化的鲜活载体，承载着深厚的历史记忆与独特的文化基因，是开展研学旅行的优质资源宝库。于学生而言，踏入民俗村寨开展研学活动，能够近距离接触传统民俗风情，深度感受民间文化的独特魅力，有助于加深学生对本土文化的认知与理解，进而有效培养其文化传承与保护意识，为传统文化的赓续与发展注入新生力量。

广西东漓古村是活态的漓江传统文化艺术乡村，是桂林人记忆深处的家乡。这里拥有漓江流域灿烂的传统文化、薪火相传的民间技艺，还有独具魅力的原生态桂北古民居。广西东漓古村研学基地位于漓水人家景区内，是一个集非遗文化展示、古民居建筑艺术、农耕文化体验、户外拓展体验等功能于一体的综合性研学基地。古村里汇集了很多失传的老工艺作坊，拥有众多非物质文化遗产，包括茶油坊、舍陶坊、桂布坊、打铁坊、豆腐坊、酒坊、腐竹坊等。每个作坊里面的老匠人依然在传承着祖辈留下来的手艺，这种热爱劳动、精益求精的匠人精神是非常值得我们学习的。研学过程主要分为：榫卯古建筑课程、传统工艺体验、传统文化体会感悟活动。课程以达成研学目标为导向，注重让学生亲身体验，摒弃一味传教的说教方法，让学生在玩中学、在做中悟，在开心的氛围中加深学习印象。

七、依托农业特色小镇，开展研学课程

农业特色小镇是融合农业、产业与文化的综合性载体，将农业生产、乡村旅游、文化传承等有机结合，构建起一个多元化、立体化的农业发展体系。依托农业特色小镇开展研学课程，具有深远的实践意义与教育价值。一方面，学生能够亲身体验从传统农耕到现代科技农业的转变，直观感受农业现代化进程所带来的变革与发展，从而加深对现代农业技术的认知与理解。另一方面，小镇所蕴含的乡村文化、民俗风情等元素，能让学生在研学过程中感受乡村发展的独特魅力，增强对本土文化的认同感与归属感。

海南省屯昌县坡心互联网农业小镇是以"互联网＋三农"为支撑的城乡融合服务示范点，是第一批"全国中小学生研学实践教育基地"。小镇通过"互

联网＋农业＋旅游业"将坡心及其周边的种植、养殖、加工、休闲农业、乡村旅游等产业有效地带动起来，让互联网思维与服务植入农业的生产与农村的生活中，将坡心互联网小镇打造成屯昌特色游客服务中心、特色农产品线上线下体验购物服务中心以及特色农业休闲娱乐中心。到小镇研学的学生可以参观"互联网＋农业"一站式服务场所，现场观摩种子如何演变成互联网热销食品。在小镇的"猪哈哈"农场，学生们可以观看循环农业沙盘，了解种养结合的农业模式，对农业产生新的认知。

八、依托和美乡村，开展研学旅行

建设宜居宜业和美乡村是实施乡村振兴战略的重要抓手。宜居宜业和美乡村，是具有良好人居环境，能满足农民物质消费需求和精神生活追求，产业、人才、文化、生态、组织全面协调发展的农村，是美丽宜居乡村的"升级版"。依托和美乡村开展研学旅行，能够让学生在亲近自然的同时，深入了解乡村的发展脉络与变迁历程，真切体会乡村振兴战略对乡村发展的重大意义，培养学生对乡村的热爱之情与建设家乡的使命感责任感，促使他们将个人理想与乡村发展紧密相连，为乡村的未来贡献力量。

四川省成都市郫都区战旗村是全国县镇新农村建设试点村、全国文明村、中国美丽休闲乡村、全国中小学生研学实践教育基地，在农村经营体制改革、思想文化建设、村容村貌整治等社会主义新农村建设方面卓有成效，已成为全国现代乡村振兴的学习新样本。战旗村有着战旗党建馆、战旗村史馆、天府农耕文化博物馆、郫县豆瓣博物馆川菜产业基地、现代农业种植基地、乡村十八坊等丰富的研学旅行资源。战旗村通过挖掘农耕文化、历史文化、乡村振兴等资源优势，编制出以发展学生核心素养为目的，具有战旗特色的系列研学课程。目前已经成功开发了"行走战旗、探究新村，感受乡村的幸福与美好""探访乡村振兴路""行走乡村十八坊，体验乡村那些不能遗忘的技艺""走进农耕体验园，体验新农耕文明"等研学活动课程。中小学生来到战旗村，可以在村史馆听习近平总书记到战旗村的故事，沿着总书记考察战旗村的路线，参观乡村院落新貌，了解乡村的改变和新农村院落的特点，感受新时期新农村的景象和风貌；观村庄、搞果蔬、磨豆腐、摄风光。用心体验美丽乡村建设的巨大成就和乡村振兴的喜人成果，培养学生对家乡的自豪感和建设家乡的责任感。

九、借助农场农园，打造亲子研学

随着社会节奏加快、生活压力增大，亲子互动需求日益增长。借助农场农园打造亲子研学项目，具有重要的现实意义与深远的教育价值。一方面，农场农园是连接自然与生活的天然纽带，在这里，没有课本的束缚，没有课堂的局限，亲子双方能全身心投入自然的怀抱，直观观察农作物的生长周期，了解生态系统的运行规律，这种沉浸式的学习体验有助于培养孩子的观察力、思考力和探索精神。另一方面，农场农园提供了一个轻松愉悦的环境，亲子共同参与播种、浇水、采摘等农事活动，相互协作、相互鼓励，不仅能增进情感交流，还能让孩子感受到家庭的温暖与支持，增强亲子间的信任与默契，促进孩子全面发展。

河南新郑童乡亲子农场，位于河南新郑市近郊，生态环境优美。童乡农场以"热爱孩子的热爱"为宗旨，坚持亲近自然、天性发展、寓教于乐、快乐陪伴的原则，为孩子打造一个释放天性的成长乐园，一个全面发展的自然课堂。农场以有机田园、艺术森林、山地湖泊为生态本底，研发了亲子教育、亲子游乐、亲子运动、亲子创意等系列产品；推出玫瑰花海、精灵王国、职业体验、彩虹乐园、丛林探险、冰雪水寨、疯狂轮胎、童乡福海、动物世界、农耕文园等十大特色产品。农场依托国际文凭小学项目（IBPVP）教育体系，用儿童的视角和思维探究"中国式亲子互动教育"方法，线上体验与线下实践相结合，让孩子在自然中游乐，在游乐中体验，在体验中提升综合素质和实践能力。

第三节 | 农业研学的现存问题

一、缺乏健全完善的相关规范

目前，农业研学领域的法律法规体系和行业规范还不够完善，导致农业教育和研究活动缺乏统一的标准和规范。许多地方在农业研学的实施过程中，缺乏具体的指导政策和法律保障，使得农业研学的效果大打折扣。例如，在一些研学活动中，农民和学生参与农业研学活动时，常常面临着法律保护不足的问题，导致各方的权益得不到有效保障。

除法律法规和行业规范方面的问题，现行的责任保障体系也存在不足。农业研学项目涉及多方合作，包括学校、企业、科研机构和农民等，但各方的权责划分不清晰，容易引发责任纠纷。例如，当研学项目出现问题时，难以明确究竟是学校、企业还是其他参与方的责任，导致问题得不到及时解决，影响研学项目的顺利进行。缺乏明确的责任划分和有效的协调机制，使得各方在遇到问题时往往推诿扯皮，不仅延误了问题的解决时机，还可能导致项目中断或效果大打折扣，进一步影响了农业研学的整体质量和可信度。长此以往，会打击各方参与农业研学的积极性，阻碍农业研学领域的可持续发展。

二、缺乏系统有效的评估机制

目前，农业研学领域缺乏科学、系统的评估机制，导致研学项目的质量和效果难以得到有效评价。现有的研学评价体系主要依赖于参与者的主观反馈，缺乏客观的评价标准和方法。比如，一些学校在评估学生的研学成果时，仅仅依据学生的书面报告和口头汇报，缺乏对实际操作能力和实际应用效果的全面评估。这种评估方式无法准确反映学生实际的学习情况和能力提升情况，导致研学项目的真正效果难以量化，影响了项目的改进和优化。

此外，现有的评估机制往往忽视了对长期效果的跟踪反馈和评估。农业研学项目的实施需要一定时间才能显现出真正的效果，但目前的评估大多集中在短期内，对项目的长期影响缺乏系统的跟踪反馈和评估。这导致许多研学项目在初期看似效果良好，但长期来看，其实际影响和可持续性却无法保证。缺乏对长期效果的评估不仅使项目的真实价值难以体现，还可能导致资源浪费和错误决策，影响未来类似项目的规划和实施。有效的长期评估机制对于确保农业研学项目的持续性和实际效益至关重要。

三、缺乏富有内涵的活动展现

在实际操作中，许多农业研学项目存在浮于表面、内涵不足、走马观花、蜻蜓点水的问题。一些研学项目更侧重于参观和游览活动，而忽视了知识的传授和技能的培养。例如，一些学校组织的农业研学活动以参观农业示范园区为主，学生在活动中只是走马观花地参观，很少有机会进行实际操作和深度学习。这种方式虽然可以让学生了解农业生产的大致情况，但缺乏深入的互动和实践，难以达到真正的教育目的。

另外，一些农业研学项目的主题设置不明确，内容缺乏系统性和针对性。许多研学项目在设计时，没有充分考虑学生的实际需求和兴趣，导致研学活动的内容过于分散，缺乏深入性和连贯性。这不仅影响了学生的学习效果，也使得研学项目的实际价值大打折扣。由于缺乏明确的主题和结构，学生在参与这些活动时难以获得系统的知识和技能，无法深入理解农业生产的全过程，从而降低了研学的教育意义和实践效果，影响了农业研学项目的整体质量。

四、缺乏深度开发的项目产品

当前的农业研学项目普遍存在缺乏创新和产品开发深度不够的问题。许多研学项目的设计和实施依然沿用传统的模式、老套路、老路线，缺乏新意和亮点。例如，一些学校的农业研学活动多年不变，项目内容和形式单一，无法激发学生的兴趣和参与热情。这些项目缺乏对新技术、新方法的引入，未能结合现代农业发展的趋势和需求，导致学生在研学过程中难以接触到前沿的农业科技和创新理念，从而限制了他们的学习效果和对农业研学的投入度。

此外，研学项目的产品开发深度不足，难以契合不同层次、不同需求学生的个性化发展。现有的研学产品大多局限于基础知识的传授与简单的实践操作，在深入的研究和高水平的技术培训层面存在明显短板。这使得众多学生在参加研学活动后，无法在知识储备和技能掌握上获得实质性提升，直接影响了研学活动的实际成效。具体而言，学生在参与活动过程中，往往只接触到浅层次的农业知识，缺乏对现代农业技术的深入理解和思考，难以有效培养实际操作能力。长此以往，学生在未来从事农业生产时，无法将所学知识灵活运用，严重制约了农业研学教育价值的发挥以及在实际生产中的应用效果。

五、农业研学从业人员的专业素质和专业能力亟待提升

农业研学从业人员的专业素质和能力直接关乎研学活动的质量和效果。由于研学产业尚属新兴领域，许多研学教师和研学活动管理人员等相关从业人员，普遍缺乏行业运营的全面经验和专业素养。目前，众多农业研学项目中的从业人员专业素质和能力亟待提升。部分从业人员既缺乏系统的农业知识，又欠缺实践经验，难以向学生提供高质量的教学和指导。以一些农村地区为例，农业研学的指导教师多由当地农民或基层干部担任，他们在专业知识和教学能力方面存在明显局限，难以满足现代农业教育的需求。

此外，针对从业人员的职业培训和继续教育相对匮乏。许多从业人员进入农业研学领域后，缺乏系统、持续的职业培训和继续教育机会，导致专业能力难以提高。这不仅影响了他们的教学水平，更制约了研学项目的创新和发展。由于缺乏持续的专业培训，这些从业人员无法及时更新并掌握最新的农业技术和教育方法，难以提供高质量的教学指导，从而限制了农业研学项目的整体效果和吸引力，阻碍了其在现代农业教育领域的进一步发展和推广。

第七章
农业研学的课程开发

第一节 | 农业研学课程开发的重点方向

一、农业研学课程的核心内容开发方向

在农业研学领域，农耕文化是核心灵魂所在。农耕文化内涵丰富，蕴含着先辈们对自然规律的深刻洞察、对土地的敬畏之情，以及对农作物生长周期的精准把握。诸如传统的二十四节气，它宛如一部古老而精准的农事指南，指导着农民依时播种、耕耘与收获。农耕文化元素为农业研学奠定了深厚的根基。

鉴于此，农业研学课程开发的重点方向在于深度挖掘农耕文化，应将其巧妙融入课程的各个环节。可以从传统农具的讲解与实践体验入手，让学生亲手触摸、操作这些承载着历史记忆的农具，真切感受先辈们的智慧与勤劳。还可以围绕特色农耕技艺展开，比如不同地区独特的灌溉方式、种植技巧等，设计专门的实践活动，让学生亲身体验传统农耕的独特魅力。同时，结合当地的民俗文化，如丰收节的庆祝仪式、与农业相关的传说故事等，丰富课程内容，使学生不仅能够学到农业知识，更能深刻领悟农耕文化背后的精神价值，从而培养学生对传统农耕文化的认同感和传承意识。

除了深度挖掘农耕文化，农业研学课程开发还应注重现代农业科技的融入。在当今时代，农业已不再局限于传统的劳作模式，各种先进的科技手段正推动着农业飞速发展，课程内容构建也应丰富多元。既要涵盖传统农耕文化知识的讲解，如传统农具的使用方法、各地特色农耕民俗的介绍，又要与时俱进地融入现代农业科技元素。例如，智能温室技术能够精准调控温度、湿度、光照等环境因素，实现农作物的全年高效种植；无土栽培技术突破了土壤的限制，为城市农业等新兴模式提供了可能。将这些现代农业科技纳入农业研学课程，能让学生直观感受到科技对农业变革的巨大推动力量，拓宽他们的视野，激发他们对现代农业的兴趣与探索欲望。

生态农业同样是农业研学课程开发需要关注的方向。生态农业强调农业与生态环境的和谐共生，像稻田养鱼、林下养鸡等生态循环模式，既实现了资源的高效利用，又减少了对环境的负面影响。把生态农业理念和实践案例融入课

程，有助于培养学生的环保意识和可持续发展观念，使他们明白农业发展不应以牺牲环境为代价，而是要追求生态、经济和社会效益多赢的局面。

二、农业研学课程开发的技术路线

（一）明确基本思路与框架

农业研学课程开发须明确基本思路与框架。首先，课程目标定位要精准。依据不同年龄段学生的认知水平和教育需求，确定课程是侧重于培养学生的基础农业认知和动手实践能力，还是深入探究农业科学原理、激发学生的科研兴趣。对于中小学生而言，初步了解农作物生长过程、掌握简单农事操作技巧是关键；若面向大学生，深入探究农业生态循环、现代农业科技应用则更为适宜。其次，规划课程内容，应围绕农耕文化核心，涵盖农业历史溯源、传统农具使用、农作物种植收获等知识与实践环节，同时融入现代农业科技元素，构建全面且层次分明的内容体系。再者，确定课程的实施方式，如是采用集中研学营模式，还是分散的多次实践活动，以及相应的教学方法，如讲授法、实践操作法、探究式学习法等，为后续课程开发筑牢根基。

（二）选择农业研学基地

选择合适的农业研学基地至关重要。须考量基地的地理位置，交通便利性是关键因素，确保师生往返安全便捷；周边环境应良好，自然风光优美、空气质量佳，为学生提供舒适的学习环境；基地的农业资源丰富度是重点，应涵盖多种农作物种植区、养殖区，最好包含特色农业景观，如梯田、果园等，以直观展现多样的农耕文化。研学基地的设施设备要完善，须具备教室、宿舍、餐饮场所等基本生活学习设施，同时配备农业科普馆、实践操作场地等教学设施，以满足理论与实践教学需求。基地的管理运营能力强，应拥有专业的管理团队、合理的规章制度，以保障研学活动有序开展。

（三）设计《学习手册》

《学习手册》是学生研学过程中的重要指引。开篇应简要介绍研学课程的背景、目的与意义，以激发学生兴趣；主体部分须对应课程内容，按研学流程分章节详细列出各学习节点的要点。例如，在农作物种植章节，介绍不同农作物的生长习性、种植季节、栽培步骤，并搭配图文说明，方便学生预习与现场对照学习。设置问题探究板块，提出与课程内容相关的开放性问题，引导学生在研学中思考、讨论，培养学生的探究能力。在《学习手册》中还应预留实践记录区域，供学生记录实践操作过程、心得以及观察到的农作物生长变化等一手资料，以强化学生的学习效果与体验感。

在《学习手册》的视觉设计上，应采用清新自然的风格，与农业主题相契合。配图要丰富且生动，绘制各种农作物、农具、田园风光等，增强手册的趣味性与可读性。应选择简洁易读的字体，确保不同年龄段的学生都能轻松阅读。此外，手册的装订要牢固耐用，方便学生在实地研学过程中携带与使用，让《学习手册》成为学生探索农业知识、感受农耕文化魅力的得力伙伴。

（四）研制《学习指南》

《学习指南》主要面向研学指导教师与辅助人员，旨在使其明晰教学重点与流程。应详细列出每阶段课程的教学目标、重难点。例如，在传统农具使用教学阶段，明确让学生掌握几种典型农具的使用方法与原理是重点。规划教学方法的运用，须清晰标注何时讲授、何时示范、何时组织学生实践操作，以保障教学连贯性。提供教学资源指引，包括推荐教材、网络资源、基地内相关科普展板位置等，助力教师丰富教学内容。制定评价标准，涵盖对学生知识掌握、实践操作、团队协作、探究精神等多方面的考核要点与量化指标，方便教师客观评估学生研学成效，及时调整教学策略。

第二节　农业研学课程开发的组织实施

一、研学准备

开展农业研学活动前，须进行充分的筹备工作。首先，要明确研学目标。依据学生的年龄特点与课程需求，设定文化传承、技能习得等目标，确保研学活动具有明确的方向性。其次，组建专业的研学团队。成员涵盖教师、农业专家、研学导师，他们各展其长，为研学活动提供全方位的支持。再者，制定详细的研学方案。规划好行程安排、教学内容和活动流程，确保研学流程清晰，便于操作和执行。最后，准备物资。准备如学习手册、工具、防护用品等物资，保障研学顺利开启。

二、实地考察

实地考察能让学生直观感受农业。抵达研学基地后，导师先对基地的概况进行介绍，让学生对其有初步的认知。随后，组织学生开展实地观察活动。观察范围涵盖农田、养殖场、设施农业区等，让学生了解不同类型的农业生产方式。在现场，导师进行讲解示范，如农作物种植技巧、农具使用方法等，帮助学生掌握基本的农业技能。同时，采用沉浸式教学方法，让学生置身其中，感受真实的农耕生活。开展小组合作探究项目，围绕某一农业现象或问题，让学生自主查阅资料、分析讨论，并提出解决方案进行实践验证。此外，还可引入数字化技术，借助虚拟现实（VR）、增强现实（AR）技术，让学生身临其境了解农作物生长的微观世界，全方位提升学习体验感。同时，鼓励学生记录所见所闻，为后续学习留存一手资料。

三、探索与发现

在探索与发现环节，通过精心设计的活动和任务，有效激发学生主动思考的积极性。教师可设置一系列具有启发性和挑战性的问题，引导学生逐步深入思考，挖掘问题的本质和内涵，不断拓展和深化学生的思维。

设置小组合作探究环节，将学生分成若干小组，共同研讨教师提出的问题。在这个过程中，学生能够学会倾听他人的意见，进行有效的沟通和协作，显著提升探究能力。

实践操作环节，学生可体验农作物种植、农产品加工等操作，借此直观了解农作物生长及农产品加工流程，加深对相关知识的理解与掌握。

交流环节，各个小组将各自的探究成果进行展示，其他小组成员则进行观摩和点评。通过这种形式的分享交流，不仅能够促进小组间的思维碰撞，激发更多新的创意和想法，还能进一步提升学生的表达能力和批判性思维能力。

四、研究与表达

研究与表达环节能够深化学生的学习体验：一方面，鼓励学生深入研究感兴趣的农业问题，结合所学知识深入剖析，提升研究能力。另一方面，引导学生整理资料，将记录的笔记、数据等进行分类整理，为后续的表达做好准备。建立多元表达评价体系，综合考量学生在实践操作中的表现、团队协作能力、对农耕文化的理解感悟以及创新思维的展现等多维度指标，以此全面衡量学生在农业研学课程中的成长与收获。学生通过撰写报告、制作海报、进行演讲等方式呈现成果，锻炼表达与总结能力。

教师进行点评，给予针对性的反馈，帮助学生巩固知识，提升学习效果。

五、生涯探索

生涯探索环节，应助力学生规划未来职业方向。向学生介绍农业相关职业，如农艺师、农业经理人等，拓宽学生的视野。邀请从业者分享经验，让学生了解不同职业的特点和要求。结合研学体验，引导学生思考自身兴趣和能力，开展职业素养培训，培养学生的团队协作能力、实践能力等，在课程中融入模拟职业场景活动，如模拟农产品销售、农业项目策划等，让学生在实践中进一步明确职业需求，提升职业技能。通过这些活动，使学生充分体验农业魅力，为投身农业领域奠定坚实的基础。

第八章
农业研学的活动案例

第一节 | "奇妙的紫甘蓝——紫甘蓝农场"
研学活动案例①

一、活动目标

（1）让学生了解紫甘蓝的生物学特性、生长环境、栽培技术和营养价值。让学生通过亲身体验，了解农场中紫甘蓝的种植技术和农产品的加工过程。

（2）提升学生跨学科综合实践能力，将生物、化学、数学、语文、美术等学科知识融入紫甘蓝农场研学活动中。

（3）培养学生的观察、分析和实践能力，通过亲自参与体验紫甘蓝的采摘、处理和品鉴，增强团队合作精神。

（4）激发学生对自然科学、农业科技的兴趣，增强学生对农业生产的认识和尊重，培养学生为农业科技和环保事业贡献力量的社会责任感。

二、活动内容

（一）活动亮点及内容框架

本活动融合了化学、生物、数学、语文、美术等多学科知识，注重培养学生的科学实践能力、观察能力、团队协作能力。通过紫甘蓝种植到丰收及产品处理的农场研学活动，学生将全面体验农业生产的全过程。在研学过程中，针对性地了解紫甘蓝的生物学特性、栽培技术和营养价值，并通过亲身实践学习紫甘蓝的种植、采摘、处理和品鉴方法，既了解农业技术和环保知识，又提升跨学科综合素养。

（二）具体内容

1. 农场基地的参观

（1）紫甘蓝基础知识讲座，紫甘蓝的起源、分布。

---

① 作者：玉林市玉州区第八初级中学，殷鸿群。

（2）探访农场，咨询技术人员，了解紫甘蓝的栽培技术和生长环境要求。

（3）亲手种植紫甘蓝，体验翻土、播种、浇水等耕作活动。

（4）利用数学知识，计算和规划农作物合适的种植密度和间距。

2. 紫甘蓝的种植与技术跟踪

（1）进行土壤酸碱性测试，了解土壤酸碱度对紫甘蓝生长的影响。

（2）阶段性观察，通过对比实验，了解光照、水分、肥料等因素对紫甘蓝生长的影响。

（3）分组分工分时段监测紫甘蓝的生长状态，了解栽培管理和病虫害防治措施。

（4）通过统计预测农作物的产量，学习数据分析和概率的基本概念。

3. 紫甘蓝的采摘实践

（1）了解采摘的最佳时机和技巧，拍摄紫甘蓝的采摘过程。

（2）学习采摘的正确方法和注意事项。

（3）创作与农场劳作、丰收喜悦相关的诗歌、歌曲、文章，培养文学创作能力。

（4）拍摄农场劳作或植物生成过程的相片或制作视频，并写稿进行报道。提升学生的艺术审美和创作及宣传报道能力。

4. 紫甘蓝的挑选、品鉴、销售

（1）了解紫甘蓝的营养价值，写出营养成分表。

（2）学习紫甘蓝的清洗、挑选、储存方法。

（3）通过观察紫甘蓝的颜色、口感和香气，跟其他蔬菜进行对比品鉴并记录。

（4）教师可根据实际情况引导学生对收获的紫甘蓝进行定价、尝试不同渠道销售，并让学生学会成本的预算、结算。

5. 紫甘蓝的创意制作

（1）展示列举紫甘蓝多种不同的食用方法及紫甘蓝的营养价值。（如：不同食用方法列表；花青素、纤维素、B族维生素、维生素C等营养成分含量列表。）

（2）利用紫甘蓝进行创意手工制作，如紫甘蓝制作指示剂、紫甘蓝布染等。

（3）组织紫甘蓝主题的分享会或展览，让学生展示自己的创意成果。（如：凉拌紫甘蓝、紫甘蓝蛋卷、紫甘蓝益生菌、紫甘蓝糯米饭、紫甘蓝果汁、紫甘蓝沙拉、紫甘蓝布染、紫甘蓝贴画、紫甘蓝酸碱指示剂等。）

6. 化学环保小卫士

（1）利用所制的紫甘蓝汁液做酸碱指示剂，测定农场基地土壤的酸碱性，了解土壤的生态系统变化。

（2）了解农药、化肥对环境和人体健康的影响，采取措施，维护土壤生态平衡。

（3）参与农场有机垃圾回收和堆肥制作，践行环保和可持续发展理念。

三、活动实施

（一）前期准备

（1）教师准备相关知识讲座、图片和视频，做好前期知识引导。

（2）联系农场研学基地，安排好研学的时间和活动内容。

（3）准备必要的研学工具，如种子、耕地工具、土地测量工具等。

（二）实施过程

（1）学生分组，明确任务分工和合作要求。

（2）按照课程内容的安排，逐步进行基础知识讲座、种植基地探访、实践耕作。

（3）耕作、种植、果实采摘实践全过程，果实处理与品鉴以及创意活动等。

（4）记录研学过程所做、所见、所闻，收集数据和素材。

（5）在每个环节中，教师要注意引导学生积极参与，敢于提出建议，分享观点。

（三）活动总结

（1）学生整理研学成果，制作 PPT 报告或宣传展板。

（2）在班级或学校内进行研学成果分享和汇报。

（3）"我为紫甘蓝代言"主题知识宣传小讲座。

（4）教师对学生的实践成果和创意作品进行评价，并给予鼓励和建议。

四、活动评价

（一）过程性评价

（1）观察学生在课程中的参与程度、合作精神和实践能力。

（2）评估学生在种植、采摘、处理和品鉴紫甘蓝过程中的表现。

（二）成果性评价

（1）对学生的紫甘蓝采摘成果、处理成果和创意作品进行评价。

（2）通过品鉴活动，评价学生对紫甘蓝的认识和了解程度。

（3）根据学生的研学报告、展示内容和课堂讨论情况进行评价。

（4）考查学生对农场生态系统的理解和对环保理念的实践情况。

五、注意事项

（1）研学过程中要注意安全，特别是在农场进行各阶段活动时。

（2）老师根据学生的认知水平适当调节学习环节、学习内容和难度。

（3）涉及出行事宜，教师、家长要做好监护工作和交通安排。

（4）鼓励学生积极参与、相互鼓励、加强团队协作，共同完成任务。

（5）及时总结，多元评价，有效反思，为下一次研学做准备。

六、总结

本活动旨在通过亲身体验和实践整个农业生产流程及销售过程，让学生深入了解农业科技和环保知识，培养适应能力、生存能力和坚韧不拔的意志和毅力；拓宽思维方式，促进个性发展，提升学生跨学科的综合素养，培养孩子们的观察力、实践能力和团队协作精神及创新能力。培养孩子们的可持续性发展和环保理念，增强自信，培养学生为未来农业科技和环保事业贡献力量的社会责任意识，为青少年终身发展奠定基础。

第二节 ｜ "水果糖度大揭秘——水果糖度检测" 研学活动案例[①]

一、活动概述

"水果糖度大揭秘"研学活动旨在全面提升学生的跨学科综合实践能力。通过将生物、物理、化学、数学、语文、营养学等学科知识融入研学活动中，让学生在考察和实践操作过程中深入了解水果糖度及其影响因素，以及糖对健康的影响。

在实践活动中，学生将通过亲手操作学习水果糖度的检测与分析，锻炼观察能力、分析能力以及实践能力，同时增强团队合作精神。活动鼓励学生在实践操作中探究科学问题，培养创新精神，提升动手能力和科学素养。

此外，课程还将激发学生对自然科学、农业科技的兴趣，培养学生为农业科技事业贡献力量的社会责任感。

二、活动目标

（1）知识目标：让学生了解水果的生物学特性、生长环境、种植技术以及糖度的相关知识。

（2）能力目标：提升学生跨学科综合实践能力，培养学生观察、分析、实践能力，让学生学会水果糖度检测与分析，增强团队合作精神，提升动手能力

---

① 作者：博白县中学，邓婉霞；玉林市中小学生综合实践教育学校，庞业全、辛宇。

和科学素养。

（3）情感目标：激发学生对自然科学、农业科技的兴趣，增强学生对农业生产的认识和尊重，培养学生为农业科技事业贡献力量的社会责任感，激发学生对科学探究的兴趣，增强他们对健康饮食的关注。

三、活动内容

（一）课程亮点

1. 跨学科融合

巧妙地将生物、物理、化学、数学、语文、营养学等多学科知识有机地融入水果糖度的探究过程。这不仅丰富了学生对水果糖度的认知，还能让学生在不同学科的交叉碰撞中拓宽视野，培养综合思维能力。

2. 实践操作

通过亲自动手操作水果糖度检测实验，让学生切实地参与到科学探究中。这种实践活动能够有效提升学生的动手能力和科学素养，使他们在实践中掌握科学方法和技能。

3. 问题导向

鼓励学生在实践过程中主动发现问题、解决问题。引导学生从不同角度思考问题，培养创新精神和探索精神，让学生在不断解决问题的过程中获得成就感。

4. 社会责任

注重培养学生对农业科技的责任感。通过对水果糖度的研究，激发学生对农业科技的兴趣和关注。

（二）内容框架

1. 知识讲解

详细介绍水果糖度相关知识，包括水果的生物学特性、糖度的影响因素等。通过深入浅出的讲解，让学生全面了解水果糖度的本质和特点。

2. 实验操作

开展水果糖度检测实验，让学生使用专业仪器进行测量。在实验过程中，引导学生掌握实验操作方法和技巧，提高实验的准确性和可靠性。

3. 分析讨论

对实验结果进行深入分析，探讨影响水果糖度的因素以及水果糖度与健康的关系。通过讨论，引导学生思考水果糖度对健康的影响，以及如何合理选择水果来保持健康。

4. 成果展示

学生展示自己的研究成果，分享学习心得。通过展示和交流，让学生相互学习、相互启发，进一步提高学生的学习效果和创新能力。

（三）具体内容

1. 知识讲解

（1）水果生物学特性：深入讲解水果的种类、生长环境、生长周期等方面的知识。让学生了解不同水果的特点和生长规律，为后续的实验和研究奠定基础。

（2）糖度知识：介绍糖度的概念、测量方法以及影响糖度的因素。通过具体案例和实验，让学生直观地理解糖度的含义和影响因素。

（3）营养知识：讲解水果中糖分对健康的影响，以及不同水果的营养价值。让学生了解水果的营养成分和对人体健康的重要作用，引导学生合理饮食。

2. 实验操作

（1）准备实验材料：准备各种水果、糖度检测仪器、纯净水、清洁布等。确保实验材料齐全、准确，为实验的顺利进行做好准备。

（2）实验步骤：学生按照实验步骤进行糖度检测，记录数据。在实验过程中，引导学生注意实验操作的规范性和准确性，确保实验结果的可靠性。

（3）实验技巧：教授学生正确使用仪器，合理采样，提高实验的准确性。通过示范和指导，让学生掌握实验操作的技巧和方法，提高实验效率。

3. 分析讨论

（1）数据分析：对实验数据进行分析，得出水果糖度的变化规律。通过数据分析，让学生了解水果糖度的差异和变化趋势，为进一步研究提供依据。

（2）健康影响：探讨水果糖度对健康的影响，如糖尿病、肥胖等。引导学生思考水果糖度与健康的关系，以及如何合理选择水果来保持健康。

4. 成果展示

（1）制作报告：学生将实验结果和分析过程制作成报告。报告内容包括实验目的、实验方法、实验结果和结论等，展示学生的研究成果和思考过程。

（2）研究成果和心得汇报：让学生通过汇报分享自己的学习收获，同时也锻炼了学生的表达能力。

四、活动实施

1. 准备阶段

（1）明确活动目标："水果糖度大揭秘"活动旨在让学生了解水果糖度相关知识，提升跨学科实践能力，培养对科学的兴趣和社会责任感。从知识、能力、情感等方面设定具体目标，为学生的学习和成长指引方向。

（2）准备实验材料和必要工具：准备各类水果、糖度检测仪器、小刀等材料和必要工具。确保材料、工具的质量和数量满足实验需求。

（3）安排场地：选择安全、宽敞且光线充足的实验场地，保障学生能在安全的环境中进行实验操作。

（4）邀请研学导师：邀请生物、农学、营养学等相关学科的专业教师或技术人员作为研学导师，做好知识讲解、实验操作等环节准备，为学生提供专业指导。

2. 知识讲解

（1）水果生物学特性：以生动有趣的方式向学生介绍水果的种类、生长环境、生长周期等知识。通过图片、视频等资料，让学生直观地了解水果的特点，激发他们对水果的兴趣。

（2）糖度知识：详细讲解糖度的概念、测量方法以及影响糖度的因素。结合实际案例，让学生理解糖度的意义和作用。

（3）营养知识：讲解水果中糖分对健康的影响，以及不同水果的营养价值。引导学生养成健康的饮食习惯，合理选择水果。

3. 实验操作

（1）实验准备：将学生分成小组，明确每个小组的任务和分工。让学生熟悉实验仪器和材料，做好实验前的准备工作。

（2）实验步骤：学生按照实验步骤进行糖度检测，记录数据。在实验过程中，引导学生注意实验操作的规范性和准确性，确保实验结果的可靠性。

（3）实验技巧：教授学生正确使用仪器和试剂，合理采样。通过示范和指导，让学生掌握实验操作的技巧，提高实验效率。

4. 分析讨论

（1）数据分析：对实验数据进行分析，得出水果糖度的变化规律。引导学生思考数据背后的意义，培养学生的分析能力。

（2）健康影响：探讨水果糖度对健康的影响，如糖尿病、肥胖等。让学生了解如何通过合理饮食来保持健康。

（3）讨论：组织学生讨论，分享自己的观点和经验。鼓励学生积极参与讨论，培养学生的团队合作精神。

5. 成果展示

（1）制作报告：学生将实验结果和分析过程制作成报告。报告内容包括实验目的、实验方法、实验结果和结论等，展示学生的研究成果和思考过程。

（2）汇报：学生汇报自己的研究成果和心得。让学生通过汇报分享自己的学习收获，同时也锻炼了学生的表达能力。

6. 总结评价

（1）总结：总结课程内容和实验成果，强调重点和难点。帮助学生巩固所学知识，加深对水果糖度的理解。

（2）评价：对学生的表现进行评价，包括实验操作、数据分析、报告撰写等方面。给予学生及时的反馈和鼓励，促进学生的成长和进步。

评价方式：

①学生自评：学生对自己在实验操作、分析讨论、成果展示等方面的表现进行评价。

②小组互评：小组之间相互评价，交流经验和意见。

③教师评价：教师对学生的表现进行评价，包括实验操作、数据处理、报告撰写等方面。

评价标准：

①实验操作：操作规范、熟练，能够正确使用仪器和试剂。

②数据分析：数据准确、分析合理，能够得出结论。

③报告撰写：报告内容完整、条理清晰，能够体现学生的思考和成果。

④团队合作：团队协作良好，学生能够积极参与讨论和交流。

（3）反馈：收集学生的反馈意见，对课程进行改进和完善。根据学生的需求和建议，调整课程内容和教学方法，提高课程质量。

第三节 | "环保酵素改变生活——酵素制作" 研学活动案例[①]

一、活动概述

"环保酵素改变生活"研学活动聚焦于中小学生综合素养的提升，旨在打破学科壁垒，将多学科知识融入环保酵素的探索实践中。通过多样化的学习与体验，引导学生深入了解环保酵素的奥秘，激发他们的环保热情和科学探索精神，培养学生的社会责任感与创新实践能力，助力学生成长为环保小卫士。

二、活动目标

1. 知识目标

（1）帮助学生掌握环保酵素的制作原理、成分及发酵过程。

（2）使学生了解环保酵素在生活各领域的应用知识。

2. 能力目标

（1）引导学生学会整合多学科知识，将其运用到环保酵素的研究与实践中，提升学生解决实际问题的能力。

（2）培养学生细心观察、深入思考、大胆实践的能力，让他们熟练掌握环保酵素的制作技能。

---

① 作者：玉林高级中学，覃飞翔；广西农业广播电视学校玉林分校，杨添。

（3）鼓励学生勇于创新，提出独特想法并积极尝试。同时，通过小组活动强化团队协作能力和动手能力。

3. 情感目标

（1）激发学生对环保科学和生物技术的浓厚兴趣，培养学生对科学的探索精神。

（2）增强学生的环保意识，使其从自身做起，关注并参与环保行动。

（3）培养学生为环保事业贡献力量的社会责任感，倡导绿色生活方式。

三、活动内容

（一）活动亮点

（1）跨学科融合：融合生物（发酵原理）、化学（成分分析）、数学（比例计算）、语文（报告撰写）等学科，有机整合多学科知识，拓宽学生视野，培养综合思维。

（2）实践操作：让学生亲自动手，提升动手能力与科学素养。

（3）问题导向：鼓励学生主动发现和解决问题，培养创新探索精神。

（4）社会责任：强化学生环保责任感，激发对环保事业的关注。

（5）社区与自然融合：充分利用社区和自然环境资源，让学生在真实场景中学习和实践，增强环保体验的真实性和有效性。

（二）内容框架

（1）知识讲解：详细介绍环保酵素的原理、成分、发酵条件及应用领域。

（2）实践操作：开展制作实验，让学生掌握制作方法和技巧。

（3）分析讨论：分析实验结果，探讨应用效果和环境影响。

（4）成果展示：展示研究成果，分享学习心得。

（5）课后延伸——社区与自然实践：结合社区和自然环境，开展环保酵素的应用活动。

（三）具体内容

1. 知识讲解

酵素原理知识：通过动画、故事、游戏等形式，生动讲解环保酵素的制作原理和发酵过程。

成分及功效知识：借助实物、视频展示，介绍环保酵素的成分及其在清洁、园艺、农业等方面的功效。

环保知识：结合图片、数据、故事，讲解环保酵素对环保的意义和作用。

2. 实践操作

准备实验材料：准备水果皮、红糖、水、容器等材料，介绍材料作用。

实验步骤：导师示范，学生分组制作并记录现象。

实验技巧：指导控制发酵条件、密封等技巧。

3. 分析讨论

数据分析：引导学生分析发酵数据，总结规律。

应用效果讨论：分享使用体验，探讨应用效果和拓展方向。

4. 成果展示

制作报告：指导学生制作包含实验目的、方法、结果和结论的报告。

心得汇报：学生汇报学习心得，锻炼表达能力。

5. 课后延伸——社区与自然实践

①社区调查与应用：鼓励学生走进社区，调查垃圾产生情况。指导学生将制作的环保酵素用于社区公共区域清洁、垃圾桶除臭等，并观察效果。组织学生向社区居民宣传环保酵素知识，鼓励居民参与制作。

②自然农场实践：安排学生到生态农场，让他们认识农场中的植物，了解生态系统。开展用环保酵素进行土壤改良、植物病虫害防治、喂养动物等实践活动，观察酵素对农场生态的影响。组织学生利用农场资源，进行环保酵素创意产品制作，如天然洗手液、酵素植物营养液、护肤品等。

四、活动实施

（一）准备阶段

（1）明确课程目标：从知识、能力、情感维度制定具体目标。

（2）准备实验材料和工具：挑选材料和工具，确保质量和数量。

（3）安排场地：选择安全、宽敞、通风的场地，考虑结合社区和农场资源。

（4）邀请研学导师：邀请生物、化学、环保等领域专业人员及社区环保志愿者参与。

（二）知识讲解

（1）酵素原理讲解：运用动画、实验等手段生动讲解制作原理。

（2）成分与功效讲解：结合实物和实例介绍成分与功效。

（3）环保意义讲解：通过故事、图片讲述环保意义。

（三）实验操作

（1）实验准备：分组明确任务，熟悉材料工具。

（2）实验步骤：导师先进行示范操作，然后让学生分组按照步骤认真制作环保酵素。在这个过程中，鼓励学生仔细观察、认真记录制作过程中的各种现象，培养他们的观察能力和记录习惯。

（3）实验技巧指导：针对制作过程中的关键环节，引导学生思考、提问、发现问题和解决问题，如如何精准控制发酵条件、巧妙进行密封等，指导和帮助学生掌握实用技巧，提高制作的成功率。

（四）分析讨论

（1）数据分析：引导学生对酵素发酵过程中记录的数据进行仔细分析，如观察酵素颜色、气味的变化，以及发酵时间与效果的关系等。通过分析，总结出其中的规律，培养学生的数据分析能力。

（2）应用讨论：组织交流讨论，培养团队协作和沟通能力。组织学生分享在实际生活中使用环保酵素的体验和感受，探讨它在不同场景下的应用效果。鼓励学生大胆提出自己的想法和建议，共同探索环保酵素更广泛的应用可能。

（五）成果展示

（1）制作报告：指导学生将实验结果和分析过程精心制作成报告。报告内容包括实验目的、实验方法、详细的实验过程、实验结果以及得出的结论等，全面展示学生的研究成果和深入思考的过程。

（2）汇报分享：安排专门的时间，让学生汇报自己的成果和心得。让学生分享在研学过程中的收获、遇到的困难以及解决问题的方法，锻炼学生的表达能力、增强自信。

（六）总结评价

（1）总结：总结课程内容和成果，强调重点难点。

（2）评价：

学生自评：引导学生客观评价自己的表现。

小组互评：组织小组互评，促进交流学习。

教师评价：从多方面评价学生，给予反馈和鼓励。

（3）反馈：收集学生意见，改进课程内容和教学方法。

（七）课后延伸——社区与自然实践

（1）社区实践：鼓励学生开展社区调查、环保酵素应用和宣传活动。

（2）农场实践：组织学生在农场进行各项与环保酵素相关的实践活动。

第四节　"神奇的嫁接技术——火龙果蟹爪兰嫁接跨学科实践" 研学活动案例[①]

一、活动背景

在玉林市五彩田园中国现代农业技术展示馆，火龙果与蟹爪兰为特色展示植物，其独特的嫁接技术不仅展示了现代农业科技的魅力，也为生物学教学提供了生

---

① 作者：玉林市玉州区南江第一初级中学，李东勤；广西中农富玉国际农业科技有限公司，冯海青、黄光辉。

动的案例。本活动旨在通过跨学科的方式，围绕初中生物"植物的生殖"这一核心内容，开展一系列跨学科研学实践活动，让学生在实践中学习、探索和创新。

二、跨学科内容

研学项目的跨学科内容见图 8-1。

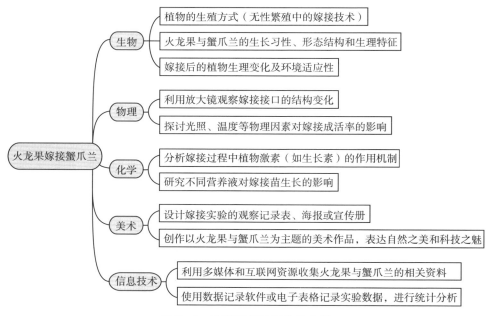

图 8-1　研学项目的跨学科内容

三、研学目标

（一）生命观念

观察火龙果与蟹爪兰，培养生命系统观念；认识生物独特性，理解生长规律与生态适应性；尊重生命多样性，理解生物与环境关系。

（二）科学思维

鼓励提出假设，设计实验验证嫁接可行性；提升科学推理与问题解决能力；运用归纳与演绎，分析科学原理；培养逻辑思维与批判性思维。

（三）探究实践

开展火龙果嫁接蟹爪兰实践，掌握嫁接技能；展开小组合作，体验科学探究全过程（问题—设计—操作—分析—总结）。

（四）态度责任

应用知识于生活，解决环境问题，推动社会进步；认识现代农业技术的重要性，保护生态环境，促进可持续发展；增强社会责任感和环保意识；激发对现代农业技术的兴趣，培养探索与创新精神。

四、活动内容与过程

（一）理论讲解

（1）介绍火龙果与蟹爪兰的生物学特性。

（2）阐述生长环境要求。

（3）讲解经济价值。

（4）阐述火龙果嫁接蟹爪兰的技术背景与意义。

（二）分组阅读研学资料

（1）了解生物学特性。

（2）学习嫁接技术原理及操作步骤。

（3）准备实验材料（火龙果枝条、蟹爪兰接穗等）。

（4）准备实验设备（放大镜、温度计等）。

（5）明确研学目标、任务分工和时间安排。

（三）参观现代农业展馆

（1）观察火龙果与蟹爪兰的种植情况。

（2）了解生长环境和嫁接技术。

（四）实践操作

在专业人员指导下进行火龙果嫁接蟹爪兰。

（五）互动交流

提问环节，与专家面对面交流。

（六）观察记录与分析

（1）定期观察并记录（愈合情况、新芽生长）。

（2）分析影响嫁接成活率的因素，优化实验条件。

（七）成果展示与分享

各组展示实验成果，分享经验、教训和收获。

（八）项目总结与汇报

撰写研究报告/制作 PPT 进行汇报。

（九）评选与表彰

评选优秀项目，给予表彰和奖励。

五、知识互动交流

（1）火龙果嫁接蟹爪兰属于哪种生殖方式？

A. 有性生殖　B. 无性生殖　C. 分裂生殖　D. 孢子生殖

答案：B

（2）以下哪种环境因素对火龙果嫁接蟹爪兰的成活率影响最大？

A. 光照强度 B. 土壤酸碱度 C. 空气中的氧气含量 D. 嫁接时间

答案：A（光照对光合作用和植物生长有直接影响）

（3）请从下列选项中选出最适合描述火龙果嫁接蟹爪兰成功后的景象的句子：

A. 独木难支，双木成林。B. 花开并蒂，异种同辉。C. 镜花水月，虚幻无常。D. 根深蒂固，不可动摇。

答案：B

（4）火龙果嫁接蟹爪兰后，如果希望促进新芽快速生长，可以采取以下哪种措施？

A. 减少浇水频率 B. 降低环境温度 C. 增加施肥量 D. 移至完全阴暗处

答案：C

（5）为了研究不同嫁接方法对火龙果嫁接蟹爪兰成活率的影响，应该采用哪种科学研究方法？

A. 观察法 B. 实验法 C. 调查法 D. 文献研究法

答案：B

（6）语文阅读题目：阅读以下短文，选出最能概括火龙果嫁接蟹爪兰项目意义的句子："在这片五彩田园里，火龙果与蟹爪兰以非凡的方式相遇，它们跨越种族的界限，共同绽放出生命的奇迹。这不仅是一项农业技术的创新，更是自然与人文和谐共生的美好见证。"

A. 火龙果与蟹爪兰成功杂交

B. 农业科技推动了现代农业的发展

C. 火龙果嫁接蟹爪兰展现了生命的多样性和和谐共生

D. 五彩田园是农业旅游的绝佳去处

答案：C

（7）火龙果与蟹爪兰在生物学分类上分别属于哪两个科？请简述它们各自的主要生长特性，并分析这些特性如何影响嫁接的成功率。

答案：火龙果属于仙人掌科，耐旱、喜光；蟹爪兰属于仙人掌科蟹爪兰属，附生性肉质植物，喜半阴环境。两者同科但生长习性有差异，须控制光照和水分以促进嫁接成功。

（8）假设在火龙果上进行了100次蟹爪兰嫁接尝试，成功率为80%。请计算成功嫁接的次数，并设计一个数学模型来预测在增加嫁接次数到200次时，可能的成功次数范围。

答案：成功嫁接次数为80次。数学模型示例：设成功率为 $p=0.8$，则

200 次嫁接的预期成功次数为 200 次×p=160 次，实际成功次数可能围绕 160 次波动，具体范围需考虑统计分布（如二项分布）。

（9）请设计一幅画作，展现火龙果嫁接蟹爪兰后的生长状态，并在画作中融入至少两种生物学概念（如细胞分裂、光合作用）。

提示：画作须自行创作，但可构思如火龙果枝干上蟹爪兰花朵盛开，花朵内部用细胞分裂的图案表示生长活力，周围环绕着象征光合作用的绿色光芒或叶片。

（10）编写一篇短文，描述火龙果嫁接蟹爪兰的过程，并融入成语或诗句来增添文采，同时解释这些成语或诗句在文中如何体现科学原理。

短文示例：匠心独运，火龙果与蟹爪兰得以"枝繁叶茂，共绘春色"。正如古诗所云"接天莲叶无穷碧"，虽非莲叶，但嫁接之术让两者生命力相互交织，共展生机。这里的"接天"暗喻了生物技术的神奇，使不同植物得以跨越界限，共融共生。

（11）利用地理知识分析玉林市的气候条件对火龙果嫁接蟹爪兰项目的影响，并提出相应的管理措施。

答案：玉林市属亚热带季风气候，温暖湿润，有利于植物生长。但须注意雨季排水防涝，旱季适时灌溉，保持土壤适宜湿度。

（12）结合化学知识，讨论火龙果和蟹爪兰在嫁接过程中可能发生的生理生化变化，以及这些变化如何促进或阻碍嫁接成功。

提示：涉及植物激素（如生长素、细胞分裂素）的重新分配，促进伤口愈合和细胞再生；同时，营养物质的共享与竞争也影响嫁接效果。

（13）设计一份火龙果嫁接蟹爪兰后的长期观察记录表，包括观察时间、生长指标（如新芽数量、叶片颜色）、环境条件（如温度、湿度）等，并说明如何通过数据分析评估嫁接效果。

提示：记录表须包含上述要素，数据分析可运用统计方法比较不同条件下的生长差异，评估嫁接对植物生长的具体影响。

（14）以火龙果嫁接蟹爪兰项目为背景，创作一首诗歌或散文，表达对自然和谐共生、农业科技进步的赞美之情。

提示：诗歌或散文须自行创作，可围绕"科技与自然共舞，生命之树常青"的主题展开。

（15）结合信息技术，设计一个火龙果嫁接蟹爪兰项目的在线展示平台，包括项目介绍、过程视频、成果展示、互动问答等板块，并阐述该平台如何促进科普教育和学术交流。

提示：平台设计须考虑用户体验和互动性，通过多媒体形式展示项目全貌，设置论坛或评论区促进用户交流，同时提供科普资料和研究成果分享功能。

（16）从经济学角度分析火龙果嫁接蟹爪兰项目的市场潜力，包括目标消费群体、产品定位、营销策略等方面，并提出促进项目可持续发展的建议。

提示：分析市场需求，定位高端农产品或园艺观赏品；通过线上线下结合的方式推广；注重品牌建设和消费者教育；持续研发新品种和技术以保持市场竞争力。

六、评估与反馈

采用过程性评价和结果性评价相结合的方式，关注学生的参与度、合作能力、创新能力以及实验成果的质量（表8-1）。

表8-1　评价表

评价目标	评价内容	自我评价（打√）			小组评价（打√）			教师评价（打√）		
		3分	2分	1分	3分	2分	1分	3分	2分	1分
准备	小组成员的组建及分工									
	遇到困难时的心理准备									
	关于植物嫁接技术信息的问卷调查									
实践	在探究学习的过程中学会了尊重和理解他人									
	通过小组活动，提升了集体荣誉感和责任感									
	小组成员观点不同时能使用合适方式化解矛盾，并成功合作									
	对嫁接数据记录的耐心									
	对嫁接条件以及嫁接过程的了解及掌握									
创新	表格公式和图表的使用实现了跨学科的融合									
	信息技术与农业的联系和应用									
分享	展示实验成果，分享实验过程中的经验、教训和收获									

七、安全措施

（1）专业指导：确保所有实践活动均在专业人员的指导下进行，避免学生受伤。

（2）安全教育：在活动前对学生进行安全教育，提醒他们注意个人安全及环境卫生。

（3）应急准备：制定应急预案，确保在突发情况下能够迅速、有效地进行处置。

第五节 "解锁植物克隆密码——无花果探秘"研学活动案例①

一、活动定位

（一）主题：农场主的生命繁殖智慧——从枝条到果实的生命课堂

（二）理念

以农场主 10 年种植经验为核心资源，构建"观察—实践—探究—传播"的在地化研学模式，让学生在真实农业场景中理解植物无性繁殖原理，掌握实用园艺技能，体悟"在做中学、在体验中建构认知"的道理，体悟劳动人民的智慧，培养"知农爱农"的科学素养与劳动精神。

（三）特色

1. 双师协同育人

农场主（实践导师）：传授"剪枝看芽""基质配比"等田间经验。

科学教师（理论导师）：解析"细胞全能性""植物激素作用"等科学原理。

2. 三维学习支架

具身认知：通过"眼看、手摸、鼻闻"等渠道多感官观察无花果。

技术迁移：从无花果扦插延伸至家庭常见植物（如月季、绿萝）。

文化渗透：讲述农场"扦插育苗史"，传递"一棵苗变百棵树"的农耕智慧。

3. 成果可视化链条

即时成果：带走 1 株亲手扦插的无花果苗＋3 颗采摘果实。

---

① 作者：广西中农富玉国际农业科技有限公司，周冰、陈秋勇；玉林高级中学附属初中，唐宁；玉林市玉州区城南实验小学，黄世梅、黎燕、钟路遥。

长期成果：30 天后提交育苗成长报告＋参与校园"植物繁殖展"。

二、活动目标（进阶式设计，表 8－2）

表 8－2　活动目标

维度	小学高段（4～6 年级）	初中（7～8 年级）	科学原理渗透
科学知识	能大概阐述无花果的生物学特性，能说出扦插繁殖的 3 个关键条件（芽点、湿度、温度）	熟知影响扦插成活率的关键因素，理解生长素对生根的促进作用，能解释对照实验意义	植物生理学、生态学
劳动技能	规范完成"剪—泡—插"3 步操作，熟练掌握无花果扦插繁殖的整套流程	熟练掌握无花果扦插繁殖的整套流程，设计单因子对照实验（如不同光照对生根的影响）	农业技术、实验设计
核心素养	养成"轻剪轻插"的植物保护意识，激发对植物学和农业科技的热爱；提升观察、实践、分析与解决问题的能力；增强团队合作精神	形成"数据记录—分析论证"的科学思维习惯；提升观察、实践、分析与解决问题的能力，增强团队合作精神	生命观念、社会责任、团队合作

三、农场研学实践环节（3 小时）

（一）环节 1：无花果园探秘——农场主的田间课堂（30 分钟）

1. 沉浸式观察工具包

每组发放观察记录单，任务包括：

视觉：寻找枝条上"鼓包状"的芽点，记录颜色（褐色为半木质化）。

触觉：对比 1 年生枝条（柔软）与 2 年生枝条（硬实）的手感。

嗅觉：摩擦叶片，闻无花果特有的清香味。

2. 农场主经验分享

展示历年扦插失败案例（如腐烂枝条、未生根枝条），讲解"一看二摸三判断"选枝法：

看：芽点饱满、无病虫害。

摸：枝条有弹性，外皮无皱缩。

判断：直径 0.5～1 厘米最佳（铅笔粗细）。

（二）环节 2：果实采摘——科学与劳动的双重考验（30 分钟）

1. 成熟度判断教学

农场主示范"三维判断法"：

颜色：果皮从青绿转紫红/黄褐。

硬度：轻捏果实顶部，略有弹性（过软易烂，过硬未熟）。

果柄：基部出现离层（轻微晃动易脱落）。

2. 采摘数学任务（初中组）

计算小组采摘效率：总果数÷时间÷人数，对比不同采摘策略（徒手摘 vs 剪刀摘）的效率差异。

（三）环节 3：扦插实战——从农场主经验到科学实验（1.5 小时）

1. 分层任务设计

基础任务（全体）：完成标准扦插流程，确保芽点朝上。

挑战任务（初中组）：设置"光照梯度实验"（向阳窗台/室内散光），记录不同光照下生根时间差。

2. 实践操作指引

（1）准备工作：精心准备扦插所需的健康无病虫害的无花果枝条、优质扦插基质、大小适宜的花盆、锋利且安全的剪刀等材料和工具。依据学生特点进行合理分组，明确各成员的具体分工，确保每个学生都能积极参与。

（2）扦插步骤：学生严格按照科学规范的步骤进行剪取插条（选取长度、粗细合适且芽点饱满的枝条）、处理插条（保证切口平整，适当去除部分叶片）、插入基质（控制插入深度和角度）等操作，并认真记录每一个环节。教师在旁全程密切指导，确保操作规范、准确（表 8 - 3）。

（3）养护技巧：细致教授学生扦插后的养护方法，包括依据环境变化精准控制浇水频率、时长与水量，合理调整光照时长和强度，根据季节和天气调节温度等技巧，切实提高扦插成活率。

表 8 - 3　农场主巡回指导表

检查点	小学指导语	初中指导语
剪口角度	"像削铅笔一样斜斜地剪"	"45°角可增加吸水面30％"
基质湿度	"捏成团不散开"	"湿度保持在 60％～70％最佳（用湿度计检测）"

（四）环节 4：总结延伸——带走知识与希望（30 分钟）

1. 交流分享

（1）农业应用讨论：组织学生深入探讨扦插繁殖在农业生产中的应用场景、显著优势以及对提升农作物产量和质量的关键作用，鼓励学生思考如何通过创新改进扦插技术，以进一步提高生产效益，促进产业发展。

（2）心得分享：学生在全班范围内汇报实践心得，交流在扦插过程中遇到的困难、解决问题的思路与方法，以及个人的收获与成长，锻炼表达能力与反思能力。

2. 家庭联动礼包

每组赠送：

（1）扦插苗1盆［鼓励学生观察根系生长轨迹，自制"根系生长观察窗"贴纸（标注日期线）做记录］。

（2）家庭育苗挑战卡（含每日养护打卡表、拍照记录框）。

四、学校延伸环节

（一）活动前预学

1. 微视频课程

教师可通过视频等方式，展示无花果扦插或从剪枝到成苗的30天历程、植物的繁殖方式等相关知识。

2. 预学任务包

小学：绘制"我心中的扦插苗生长图"。

初中：查阅资料，制作"植物繁殖方式及常见植物繁殖方式汇总表"。

（二）活动后探究（表8-4）

表8-4　活动后探究表

学段	核心任务	农场主支持	成果形式
小学	1. 用采摘叶子制作"无花果标本" 2. 给扦插苗起名字，撰写成长日记	提供标本制作教程视频	手账+标本
初中	1. 测量并记录根系每日生长数据，绘制"根长—时间"散点图 2. 对比农场扦插苗与家庭扦插苗的差异，分析原因	提供 Excel 统计模板，线上答疑	数据报告+PPT

五、评价体系立体化

（一）过程性评价（表8-5）

表8-5　过程性评价

评价主体	评价工具	小学重点	初中重点
农场主导师	劳动技能速评表	工具使用安全度、扦插步骤完整性	实验设计科学性、数据记录规范性
学生互评	小组协作星级卡	任务分工合理性、材料整理速度	假设提出逻辑性、结论推导严谨性
科学教师	观察能力评分表	观察细致度、问题提出趣味性	变量控制准确性、误差分析深度

（二）特色评价：农场主的"经验值"体系

青铜段位：完成标准扦插，工具零损伤。

白银段位：能独立解决 1 个扦插问题（如枝条歪斜）。

黄金段位：提出有效改进方案（如用酸奶瓶制作自动浇水装置）。

钻石段位：扦插苗成活率≥90％，并成功指导家人完成其他植物扦插。

（三）长期影响评价（3 个月后）

家庭回访（通过问卷星统计）：

扦插苗成活率（目标≥75％）；

家庭新增扦插植物种类（如绿萝、多肉等）；

社区影响：学生是否向邻居/社区传播扦插知识（记录传播人次）。

六、安全与保障

（一）风险防控细化

工具使用培训：农场主示范"剪刀三禁止"：

禁止对人开合；

禁止修剪直径＞1 厘米的枝条；

禁止未锁定时放入口袋。

（二）植物过敏预案

提前统计学生过敏史，采摘时发放食品级手套，接触乳汁后立即用肥皂清洗。

七、活动亮点与推广价值

（一）三大创新亮点

（1）导师 IP 化：塑造"会讲故事的农场主"形象，如讲述"当年用一根枝条繁育出百亩果园"的创业故事，增强课程感染力。

（2）知识在地化：结合农场特定品种（如波姬红无花果）开展教学，使学生了解本土农业特色。

（3）环保理念渗透：强调"修剪枝条零浪费"，所有未成活扦插苗均用于堆肥，培养循环农业意识。

（二）可复制模式

（1）低成本配置：核心工具修枝剪、育苗盆均可通过农业合作社批量采购。

（2）短周期落地：半天农场活动＋2 周校内延伸，适合学校周末研学或春秋游。

（3）跨季节应用：春季（3—4 月）主研硬枝扦插，秋季（9—10 月）可拓展为嫩枝扦插（如薄荷、空心菜）。

（三）政策对接

（1）符合《义务教育劳动课程标准》"农业生产劳动"任务群要求。

（2）响应《国务院办公厅关于加强农业种质资源保护与利用的意见》要求，传播传统育苗技术。

（3）适配《青少年科学素质提升行动方案》中"实践探究＋科学思维"培养目标。

此案例通过农场主经验课程化、科学原理生活化、劳动技能标准化的设计，既保留农业实践的"土味智慧"，又注入现代科学教育的"理性思维"，形成可看、可学、可带走的研学范式，适合作为区域劳动教育特色课程进行推广。

第六节 "百香果的奇妙世界——百香果探秘"研学活动案例[①]

一、活动背景

百香果作为玉林市优势特色农业产业，被认证为国家地理标识产品，其"热带水果之王"的市场定位（国内外供不应求）、生态种植模式（如玉林基地的立体栽培）及深加工潜力（果汁、果酱、果脯等），为研学提供了"种植—加工—市场"全链条实践场景。课程依托本地产业资源，通过"观察—实践—创新"三维度活动，让学生在了解农业科技的同时，培养劳动精神、环保意识和跨学科思维，助力青少年综合素养提升。

二、活动目标

1. 知识目标

了解百香果的基本生物学特性、生长周期和种植技术，了解百香果的营养成分和健康功效，学会简单的加工百香果的方法。

（1）能准确描述百香果 2 个以上主栽品种特征（如台农 1 号、黄金百香果）。

（2）掌握百香果从育苗到采收的 5 个关键种植步骤（育苗、移栽、搭架、施肥、采摘）。

（3）列举 2 种以上百香果加工产品及其制作原理（如果汁、果茶、果酱

---

① 作者：广西中农富玉国际农业科技有限公司，陈宇、陈洁；博白县博白镇第七小学，张丽萍。

等）。

2. 能力目标

通过种植、养护、观察、记录、采摘、加工等实践过程，培养观察力和数据分析能力，提高动手能力和解决问题的能力。

（1）通过记录种植日志，提升数据收集与分析能力（如每周测量株高、记录开花数量、结果数量）。

（2）在加工实践中，规范使用相关工具（开果器、小刀、榨汁机、pH 试纸等）完成加工。

（3）小组合作完成百香果市场调研报告，包含至少 2 个维度的数据分析（如消费人群年龄占比、产品吃法偏好）。

3. 素养目标

（1）形成"珍惜粮食＋尊重劳动"的价值观。

（2）激发学生对农业的热爱和自然科学的兴趣，培养探索精神，增强团队合作意识。

（3）提出 1 项可持续种植建议（如废弃物堆肥、节水灌溉），增强环保意识和社会责任感。

三、活动结构设计（表 8 - 6）

表 8 - 6　活动结构设计

课程模块	核心内容	学科融合	实践形式
认知奠基	百香果分类、生长周期、营养价值	生物/营养学	讲座＋观察
种植实践	整地种植、搭架引蔓、施肥除草	农业科学/劳动教育	田间操作＋数据记录
加工探究	果汁/果茶/果酱制作、工艺优化实验（如糖酸比调整）	化学/食品科学	实验室操作＋对比试验
产业拓展	市场调研、营销策划、环保包装设计	经济/美术/德育	实地走访＋方案设计

四、实施流程

（一）第一阶段：认知与准备（0.5 天）

1. 理论导入

（1）专家讲座：百香果的全球之旅（起源、中国主产区分布、玉林产业现状）。

（2）互动实验：通过糖度测试仪测试不同成熟度果实糖度，直观理解"糖度随成熟度上升"的科学原理。

2. 研学任务发布

（1）基础任务：绘制百香果生长周期思维导图（包含 4 个关键阶段：育苗期、生长期、开花期、采收期）。

（2）挑战任务：小组设计种植观察记录表，要求包含 3 项以上量化指标（如株高、叶片数、果实重量）。

（二）第二阶段：种植实践（1 天）

1. 田间实操（0.5 天）

（1）环节 1：整地移栽。

技术要点：行距 2 米×株距 3 米，每亩定植 110 株；基肥使用腐熟有机肥500 公斤＋复合肥 20 公斤。

学生任务：每组移栽 5 株幼苗，悬挂小组标识牌，记录移栽日期与天气。

（2）环节 2：搭架引蔓。

示范教学"T 形架"搭建方法，强调架高 1.8～2 米的通风透光原理。

学生实践：用竹竿与尼龙绳完成简易架型搭建。

2. 科学探究（0.5 天）

（1）实验课题：不同肥料对百香果坐果率的影响。

（2）分组处理：A 组（有机肥）、B 组（复合肥）、C 组（对照组）。

（3）数据采集：每周记录各组植株开花数、结果数，最终计算坐果率（结果数/开花数×100％）。

（三）第三阶段：加工与产业（1 天）

1. 食品加工（0.5 天）

（1）基础制作：体验百香果汁、百香果茶等的家庭制作法。

（2）创新实验：设计"低糖版果酱"配方（减少 50％蔗糖，用蜂蜜替代），对比传统配方的口感与保质期。

2. 市场调研（0.5 天）

（1）实地走访：调研本地水果店、超市，统计百香果产品种类、价格区间、包装形式。

（2）营销策划：小组设计百香果产品推广方案，包含 LOGO 设计（美术）、短视频脚本（语文）、促销策略（数学）。

五、评价体系

1. 评价表（表 8-7）

表 8-7　评价表

评价维度	学生自评（30%）	小组互评（30%）	教师/专家评（40%）
知识掌握	能复述种植流程关键点	小组讨论中贡献有效知识点≥2条	任务卡答题正确率≥80%
技能表现	独立完成3项以上实践操作	协作完成实验误差≤10%	工具使用规范性与数据完整性
素养提升	劳动日记体现感悟深度	主动承担分工任务≥2项	环保建议/营销方案创新性

2. 特色评价工具

（1）种植护照：记录每日百香果养护劳动时长、技能掌握情况（如"学会使用锄头""完成施肥操作"），集满10个印章可兑换"劳动小能手"称号。

（2）创意积分：鼓励跨学科创新（如用物理知识设计自动浇水装置、用生物化学知识设计病虫害防治方案），每提出1个有效方案积5分。

六、安全保障方案

1. 风险分级管控（表 8-8）

表 8-8　风险分级管控

风险类型	具体场景	预防措施	应急方案
生物安全	田间蚊虫叮咬	提前喷洒驱蚊液，穿长袖长裤	携带驱蚊药膏、抗过敏药物
操作安全	劳动工具/刀具使用	教师示范后分组操作，强调"一机一人"原则	急救箱常备创可贴、碘伏
交通安全	往返种植基地	选用3年以上驾龄司机，车辆配备GPS追踪	与最近医院（距离15分钟车程）签订协议

2. 人员配置标准

（1）师生比：1∶20（小学）、1∶25（初中），每组配备1名安全员（基地工作人员）。

（2）培训要求：所有带队教师须通过"研学安全管理"专项培训，考核内容包含急救技能、风险预判等。

七、成果与延伸

1. 显性成果

（1）实物成果：学生制作的百香果汁（贴有小组设计标签）、种植生长曲线图。

（2）文本成果：《研学报告》（含问题解决过程，如"如何应对幼苗枯萎"）、《市场调研报告》。

2. 延伸活动

（1）家庭实践：发放百香果种苗，开展"家庭种植挑战赛"，录制生长Vlog。

（2）校园推广：举办"百香果文化节"，展示学生设计的包装作品、营销海报，对接学校食堂采购学生加工产品。

八、附录

研学任务卡

活动名称：探秘百香果的奇妙世界。

适用学段：小学高段～初中。

使用说明：本任务卡用于引导学生在研学过程中完成知识学习、实践操作与问题探究，可作为过程性评价依据（表8-9）。

表8-9 任务表

任务模块	任务内容	评价标准	完成情况
认知奠基任务	1. 记录百香果两种主栽品种的外观、口感差异 2. 绘制百香果生长周期时间轴（标注育苗、开花、结果、采收节点）	1. 品种特征描述准确，差异点记录≥3项 2. 时间轴节点完整，标注科学	□已完成 □未完成
种植实践任务	1. 参与百香果移栽，记录行距、株距及施肥量 2. 连续3天测量植株高度并绘制生长曲线图	1. 移栽步骤规范，数据记录完整 2. 曲线图趋势分析合理，数据误差≤5%	□已完成 □未完成
加工探究任务	1. 设计低糖版百香果汁/果茶配方，记录原料配比 2. 对比传统配方与自制配方的口感差异，撰写实验报告	1. 配方符合食品安全标准，配比科学 2. 实验报告逻辑清晰，结论明确	□已完成 □未完成
产业拓展任务	1. 调研本地3家超市的百香果产品价格、包装及销量 2. 设计百香果产品营销短视频脚本	1. 调研数据翔实，分析有深度 2. 脚本创意突出，包含产品卖点与受众定位	□已完成 □未完成

跨学科挑战题：

数学题：若百香果种植行距 2 米，株距 3 米，计算 1 亩（1 亩≈667 平方米）地可种植多少株。

科学题：为什么果酱制作时须控制温度在 100℃以下？请从果胶性质角度解释。

经济题：假设百香果汁成本 5 元/瓶，市场售价 8 元/瓶，计算利润率并提出促销方案。

第七节 ｜ "跨学科种植——黑美人土豆主题实践" 研学活动案例①

一、活动背景

（一）实践对象

初中二年级学生（77 人，12 个活动小组），已具备生物学科植物生殖基础理论，但缺乏劳动实践经验与跨学科问题解决能力。

（二）活动背景

依托《义务教育课程方案和课程标准（2022 年版）》跨学科学习要求，结合玉林市"五彩田园"农旅资源，通过真实土豆种植场景，整合生物、地理、数学等多学科知识，培养学生劳动素养与实践创新能力。

二、活动设计

（一）活动理念（理论依据）

1. 政策支撑

《义务教育课程方案和课程标准（2022 年版）》明确"跨学科主题学习占比不少于 10％课时"，强调"实践育人"与"学科融合"。

《大中小学劳动教育指导纲要（试行）》提出"以体力劳动为主，注意手脑并用"的劳动实践要求。

2. 教育理论

杜威"做中学"理论：通过种植全流程实践，实现"知识应用—问题解决—创新创造"的认知循环。

加德纳多元智能理论：通过多元任务设计（如制作美食、撰写广告、数据分析），满足不同智能类型学生的发展需求。

---

① 作者：玉林市玉州区第八初级中学，庞明霞。

（二）内容分析（表8-10）

表8-10　内容分析

学科	核心知识点	实践关联场景
生物	无性繁殖、生长条件、病虫害防治	种薯选择（芽眼饱满度检测）、田间管理（蚜虫防治）、收成统计
地理	气候带分布、土壤类型、主产区分析	黑美人土豆适种环境探究（亚热带季风气候＋沙质土壤pH检测）
数学	成本利润计算、数据统计、比例关系	种植密度计算（株距30厘米×行距60厘米）、销售利润分析（成本2.5元/斤[①]→零售价4元/斤）
语文	文案撰写、叙事表达、文化探究	推介语创作（如"黑美人土豆——来自五彩田园的花青素宝藏"）、实践日记
物理	杠杆原理、密度测量、能量转化	工具使用（锄头支点控制）、土豆密度实验（排水法）、导电实验
历史	作物传播史、社会影响	土豆传入中国路径（16世纪欧洲→东南亚→中国）及历史作用

（三）学情分析

1. 优势

具备植物生殖、简单数据计算等基础知识，对劳动实践有较高兴趣。

2. 挑战

学生缺乏农耕生产劳动经验，跨学科整合能力较弱，小组合作中易出现分工不均。

3. 对策

（1）前置劳动技能培训（如工具使用、安全规范）。

（2）采用"任务驱动＋支架式教学"，分阶段拆解复杂任务。学生通过土豆种植的劳动实践，不仅能将所学知识应用到生产劳动中去，还可以在老师精心设计的学习项目中完成跨学科学习，学会在具体的情境中运用所学知识解决实际问题。

---

① 斤为非法定计量单位，1斤＝500克，下同。

（四）活动目标（表 8 - 11）

表 8 - 11　活动目标

维度	具体目标
知识与技能	1. 掌握黑美人土豆无性繁殖技术及繁殖生长必要条件（如株距 30 厘米、深度 10 厘米等标准） 2. 能运用地理知识分析当地种植适应性（如亚热带季风气候、沙质土壤） 3. 完成"成本—产量—利润"数学建模（含施肥量、租金等变量）
过程与方法	1. 通过"种植日志＋跨学科任务单"记录实践过程，培养观察与数据处理能力 2. 以小组为单位完成"问题提出—方案设计—实践验证"的探究（如探究不同施肥量对产量的影响）
情感态度与价值观	1. 体会劳动艰辛，形成"珍惜粮食、尊重自然"的价值观 2. 通过分享土豆（养老院、亲友）与售卖活动，增强社会责任感与团队协作意识

（五）内容设计（表 8 - 12）

表 8 - 12　内容设计

模块	项目名称	核心任务	学科融合点	课时/周期
I	认知准备	土豆全学科知识图谱构建	生物课：种薯结构与繁殖方式 地理课：全球/中国主产区分布图绘制 历史课：土豆传入中国时间轴梳理	2 课时（课堂）
II	种植实践	从播种到收成全流程操作	土豆播种及田间管理（参照中农富玉标准化流程）。学生利用周末或节假日完成浇水、施肥、除草、防虫害、田间记录等劳动实践	18 周（田间＋周末）
III	跨学科应用	多元任务实践	语文：黑美人土豆文化手册（含诗词、广告语） 数学：建立"产量—成本"函数模型，优化种植密度 物理：土豆密度测量（排水法）、导电实验 生物：土豆生物学特性及繁殖生长条件 化学：种薯消毒与拌种（化学防治）、肥料的化学组成与施用（无机化学）、叶面喷肥的化学原理	4 课时（实践＋展示）

（续）

模块	项目名称	核心任务	学科融合点	课时/周期
Ⅳ	成果转化	劳动价值延伸	美食制作：营养搭配方案设计，用刚挖的土豆制作美食，厨艺展示，分享美食 公益分享：制作含营养说明的感恩卡片、同土豆一起赠送养老院和亲友（语文） 商业售卖：设计促销策略（数学＋语文），把部分土豆拿到集市上售卖，拟写黑美人土豆的推介语，运用数学知识计算土豆种植的成本和利润 成果展示评价：学生完成PPT，进行土豆种植过程的反思与总结汇报，分享在劳动实践中跨学科学习的收获与感悟	8课时（集中实践）

（六）评价设计（表8－13）

表8－13　土豆种植研学劳动实践评分表

小组成员：

评分员：　　　　年　月　日

实践流程	评分细则	赋分	自评	他评
一、播种土豆	按照黑美人土豆种植标准进行播种。 标准：按株距30厘米、深度10厘米点种，每亩种植3 174窝。种时将薯块芽眼向上下覆土。乒乓球大小的整个种（有小组成员挖坑、播种、覆土、浇水的图片或视频）	5分		
二、田间管理	有施肥、浇水、除草等图片或视频	5分		
三、土豆收成	计算以小组为单位的人均产量，按排名给分	10分		
四、分享土豆	与亲戚、朋友、学校领导、老师分享土豆，设计分享卡片，简单介绍黑美人土豆的营养价值以及此次种植土豆劳动实践的意义，收集亲戚、朋友、学校领导、老师的反馈信息。分享卡图文并茂，反馈良好的，一份计2分，满分10分（有分享的图片或视频）	10分		
五、土豆美食制作	菜品、花式多样	2分		
	色泽、味道好	2分		
	讲究营养搭配	2分		
	好评数量，按排名给分	10分		
	有美食制作过程、成品及分享图片或视频	2分		

（续）

实践流程	评分细则	赋分	自评	他评
六、售卖土豆	以小组为单位到市场或路边零售，不少于三单，并提供图片、视频或交易凭证	6分		
	以批发的形式售卖土豆，并提供图片、视频或交易凭证	4分		
	各小组计算利润率，按排名给分（注：各组收成的1/3按2.5元/斤计算交给中农富玉公司，抵扣土地、种子、化肥、人工等成本）	10分		
七、总结汇报	过程资料齐全且丰富，能把所有过程材料（图片、表格、分享卡、交易凭证等）按照评分表顺序归档呈现	5分		
	制作PPT，至少包含以下内容：①对土豆的认识；②此次土豆种植劳动实践过程回顾及感悟；③自评报告	6分		
	汇报时运用多个学科知识，一个学科计2分	16分		
	表达此次劳动实践感悟的角度多而新，有创意	5分		
合　计		100分		

三、活动实施

（一）条件保障

1. 场地

"五彩田园"中农富玉基地0.6亩耕地（已翻整），配备工具房、洗手台、急救箱。

2. 师资

生物教师（技术指导）＋班主任（组织管理）＋中农富玉农艺师（现场指导）。

3. 安全

前置培训：工具使用（如锄头、镰刀）、防蚊虫叮咬、应急避险；

保险：为学生购买短期意外险；

家长告知：签署《劳动实践知情同意书》，明确责任边界。

（二）实施流程

1. 土豆相关知识学习

各组组员分别利用生物课本、上网搜索等方式，学习关于土豆的生物、地理、历史知识。

2. 播种土豆

种植时间：秋高气爽的一个周末。

种植品种：黑美人土豆。

种植要求：按株距 30 厘米、深度 10 厘米点种，每亩种植 3 174 窝。种时将薯块芽眼向上后覆土。

种植流程：碎土—挖坑—选种—播种—覆土—浇水。

3. 田间护理

（1）真理队队员总结的土豆田间护理要点：土豆出苗后，进行疏苗，保留健壮的苗，每个穴内只保留一株苗子。同时，保持适当的苗间距离，以利于空气流通和减少病虫害感染的风险。在土豆生长过程中，适时追施适量的氮、磷、钾肥料，根据土壤条件和土豆需求补充养分。

（2）致远队队员总结的土豆施肥要点：施肥时机：土豆苗长到 10 厘米高的时候；土豆开花前追肥。

肥料剂量：0.1 公斤。

施肥方法：肥料兑 15 公斤水，搅拌好后，再用大塑料勺子把肥料水泼洒到土豆苗上。

4. 采挖土豆

时间：春天，一个阳光明媚的周末。

采挖场景：终于等到一个不下雨的周末，学生们满怀期盼，一大早就来到了劳动实践基地，按照事先收集到的土豆采挖方法，撸起袖子卖力地挖起了土豆。家长在一旁指导：有一位男家长教孩子运用物理学中的杠杆原理挖土豆，更省力；有一个女家长教孩子要尽量离土豆的根部远一点挖，以免挖坏了土豆；还有一个家长告诫孩子为了提高产量，要绕着土豆苗周围多挖几下，以免有"漏网之鱼"。

5. 土豆分享

学生们把采挖的黑美人土豆送到养老院、送给亲朋好友、送给恩师，分享劳动成果，分享快乐，分享健康。学生制作分享卡，介绍黑美人土豆的营养价值，介绍土豆的种植过程中，并写上感恩的话语。这个过程中，对学生进行了感恩教育。

6. 土豆美食制作

厨艺大比拼。在中农富玉公司劳动实践基地，在种植土豆的田边，学生和家长们用刚刚挖出来的黑美人土豆制作美食，并给美食命名，拼桌摆盘，分享并品鉴土豆美食，尽享丰收的喜悦。

7. 土豆售卖

为了缴纳耕地的租金，学生们把部分土豆拿到集市上售卖，运用语文知识拟写黑美人推介语或广告词，制作广告牌，并运用数学知识计算成本和利润。在这个过程中，学生学以致用，丰富了人生体验。

8. 总结汇报

学生分小组制作汇报 PPT，利用周末总结此次土豆种植劳动实践活动，完成小组合作的跨学科学习汇报。各组派出一名代表，用玉州区八中土豆种植劳动实践评分表进行量化评比，选出优胜小组。学生们通过回顾反思，分享得失，收获满满。

四、教学反思和改进

此案例既是一次劳动实践，也是一次跨学科主题学习，依据新课标跨学科学习理念来设计课程项目，班级教师团队为学生学习、实践提供适时指导和帮助，确保学生顺利完成各项任务，但在学习的深度和广度上还可以进行拓展。

在劳动实践中，由于师生都缺乏生产劳动经验，与研学指导单位联系不够紧密，土豆种植的田间管理只能在周末和节假日进行，有时跟不上农时或土豆生长的需求，气候、温度、湿度都对土豆的产量造成了影响，最终土豆的产量不高。

在跨学科学习过程中，学生自由组成学习小组，根据自己的兴趣爱好选择学习探究的方向，然后一起分享交流、一起劳动创造，在做中学，边学边做，互相帮助，互相促进。但也有一些小组的合作学习推进不力，出现边缘人，今后教师要对这样的小组提供更多帮助，加强监督，利用评价激励学生积极完成任务。

此次实践属于农业研学，得到学生家长及社会机构（中农富玉公司）的大力支持，学校、家庭、社会三方联动，形成合力，大大激发了学生的学习创造热情、丰富了学生的生活经验和情感体验，让学生真正体会到"劳动最光荣""劳动创造美好生活"。但在活动中，出现家长包办安排现象，不能放手让学生自己去思考，没有让孩子试错的勇气。对此，组织者应加强与家长沟通，让学生能大胆自由地去探究、实践。

附：参考种植要点（表 8 - 14）

表 8 - 14 "黑美人土豆"十八周田间管理程序

星期 物候期	管理要点	主要农事操作	特别提示
第一周 播种期	播种期整地 施肥、晒薯、 切种薯、拌种、 准备播种	1. 将准备好播种用的种薯挑去烂病薯，选择大小均匀的种薯倒在院内土地上进行晒种，太阳光照强时晒一天，光照弱时晒两天，然后进行切块 2. 切薯块时先在塑料水盆中兑好高锰酸钾消毒液，将准备切薯的刀具放入消毒液中消毒后方可用来切薯，用时两把刀轮换切种，即切了一个种薯后将切刀放入消毒液中再用另一把刀切另一个种薯，依次轮换使用。保证不通过切刀传病、传毒 3. 鸡蛋大小的薯种从顶部到尾部一刀两瓣，从头到尾竖切，万不可拦腰横切，大的薯块亦从头到尾两刀四瓣，每块薯块上保证需有 2～3 个芽眼，乒乓球大小的可整薯播种 4. 拌种：按每亩地所需薯块约 200 斤计算，使用下列配方拌种剂，代森锰锌 100 克，高钾全营养叶面肥 100 克，毒灭星（盐酸吗啉胍）100 克，根旺 3 克，草木灰细粉或细绵沙 2.5 公斤混合拌种，拌种时将薯块用喷雾器喷湿，而后边撒药粉边用木掀翻拌均匀即可。拌后的薯块堆起待用 5. 施基肥：每亩施腐熟农家肥 3～5 立方米，甘肃凯迪生态农业科技有限公司生产马铃薯专用肥 40 公斤（有条件的情况下） 6. 起垄：起垄按 70 厘米划线、单垄单行种植，垄高 25～30 厘米，按株距 30 厘米、深度 10 厘米点种，每亩种植 3 174 窝。种时将薯块芽眼向上而后覆土。覆土后可在垄面喷雾 50％乙草胺乳油 1～1.2 升兑水 380 公斤喷于垄表，然后覆盖地膜，若选用黑色地膜更好。除草效果可达 90％。另外，可用赛克津每亩用药 100 克加水 80 斤喷洒，可杀死多种杂草	种薯不可倒在水泥地板上晒种；拌种的目的： 1. 增加营养特别是微量元素 2. 防止真菌性病害 3. 抑制病毒病发生 4. 促进生根、促进生长
第二周 苗期	田间检查 田间记录	1. 防止大风吹开地膜 2. 及时排除垄沟积水 3. 做好农事日志记录，农业气象记录	
第三周 苗期	田间检查 田间记录	1. 防止大风吹开地膜 2. 及时排除垄沟积水 3. 做好农事日志记录，农业气象记录	

（续）

星期 物候期	管理要点	主要农事操作	特别提示
第四周 苗期	破膜放苗 检查出苗 田间记录	1. 从本周一开始，及时检查发现马铃薯芽顶膜，及时破膜放苗 2. 苗放出后用细土及时封住洞口防止热气从破口处窜出，烧伤嫩叶	注意防冻
第五周 营养 生长期	破膜放苗 田间记录	1. 从本周一开始，及时检查发现马铃薯芽顶膜，及时破膜放苗 2. 苗放出后用细土及时封住洞口防止热气从破口处窜出，烧伤嫩叶	注意掏出歪长横长的苗
第六周 营养 生长期	第一次叶面 喷肥、补苗田 间记录	1. 每一喷雾器兑入 100 克白糖、50 克尿素、100 克瓶装米醋，一支 5 毫升氨基酸液肥，叶面喷雾 2. 于上午露水干后 9—11 时，下午 4—7 时进行田间喷雾 3. 补苗，无论是什么原因造成的种薯不出苗，缺苗时，每桶水（30 斤）兑根旺一袋（3 克），广枯灵一小袋（20 克），或活性促根剂半袋。在苗多的薯块上掰一枝芽、定植在缺苗的地方，而后浇一纸杯药液，保栽保活 4. 田间缺水时，注意浇水，浇水时淹至垄沟 2/3 处，不可漫过垄面	防冻、抗凉、促生长，喷后一小时遇雨可不补喷
第七周 营养 生长期	第二次叶面 喷肥、药，田 间记录	1. 每喷雾器兑入高钾营养素半袋 25 克，代森锰锌 20 克（或甲霜灵锰锌 20 克，或多代锰锌 20 克），3% 啶虫脒 10 克，另加洗衣粉 10 克，或米汤一碗，均匀进行叶面喷雾，以叶面喷湿为准，每亩用约 2 桶 2. 代森锰锌、啶虫脒均为内吸传导型药剂，主要用于防治各种真菌性病害、虫害 3. 注意事项：代森锰锌类药剂假劣产品较多，多以硫黄粉假冒，购买时请认真鉴别 4. 时间与上周喷雾时间间隔七天。喷后一小时内遇雨须补喷	促生长、防病害、防虫害
第八周 营养、 生殖生长 并进期	第三次叶面 喷肥、田间 记录	1. 每喷雾器兑入花果多叶面肥（或高钾茎营养素）25 克，40% 爱诺链宝（农用链霉素）毒灭星 30 克（或病毒 A30 克，或爱诺倍达 20 毫升），土豆膨大素 25 克，洗衣粉 10 克，均匀进行叶面喷雾。主要防治细菌性、病毒性病害。每亩喷雾 3 桶 2. 中耕锄草锄净田间杂草	促生长、防病治病、促块茎膨大

（续）

星期 物候期	管理要点	主要农事操作	特别提示
第九周 营养、 生殖生长 并进期	第四次叶面 喷肥；第一次 田间追肥田间 记录	1. 每亩追施 15 公斤尿素，10 公斤硫酸钾 2. 露地种植的进行中耕培土 3. 每喷雾器兑入土豆膨大素 30 克，缩节胺 5 毫升，可杀得 2000 20 克，均匀叶面喷雾，每亩喷雾 2 桶 4. 本周生长繁忙，切不可忽视	促块茎生 长、控制茎 秆徒长
第十周 生殖 生长期	第五次叶面 喷肥，田间 记录	1. 每喷雾器兑入高钾营养素 25 克，爱诺链宝 5 克，1.5％植病灵 25 毫升，叶面有蚜虫时同时加 10％吡虫啉 10 克，或 10％啶虫脒 10 克，洗衣粉或米汤一碗，均匀喷雾到叶面上。每亩喷雾 2 桶 2. 从本周以后马铃薯块茎膨大速度加快，田间管理上以有病治病、无病防病为主要原则。摘除主茎上侧枝上刚出现的花蕾	促块茎生 长、防病治 病、防虫、 防旱、防涝
第十一周 生殖 生长期	第六次叶面 喷肥，田间 记录	每喷雾器兑入土豆膨大素 30 克，高钾素营养素 30 克，米醋 100 克，缩节胺 5 毫升，均匀喷雾到叶面上，每亩 3 桶	促块茎生 长、抑制营 养生长
第十二周 生殖 生长期	田间浇水 叶面喷肥 田间记录	1. 本周开始田间土壤切不可缺水，如天气干旱时及时浇水，浇水不超过垄的 2/3 处（水位） 2. 每喷雾器兑可杀得 2000 20 克，高钾营养素 25 克 3. 第二次大田追肥，每亩追施尿素 10 公斤，硫酸钾 5 公斤，深度 15 厘米，追在两株中间，最好使用定量追肥枪	注意浇 水，不可干 旱缺水
第十三周 生殖 生长期	田间锄草、 第二次中耕培 土、防治地下 害虫、田间 记录	1. 本周马铃薯生长进入最旺盛期，及时除草，有利于土壤通风换气，抗旱，减少虫源，保墒。促进块茎膨大 2. 防止地下害虫（地老虎、蛴螬、金针虫）咬食薯块，用麦皮炒香后拌入敌百虫，每隔两米在垄面撒一小撮，诱杀地下害虫	促进土壤 疏松透气， 消灭杂草， 抗旱
第十四周 生殖 生长期	防病治病田 间记录	1. 本周重点防治晚疫病及其他病害 2. 按说明使用 25％甲霜灵可湿性粉剂叶面喷雾。同时兑入 0.05％～0.1％春雷霉素 25 毫升或 40％爱诺链宝 7.5 克 3. 发现个别病株时及时割除病秧 4. 每喷雾器兑入洗衣粉二两，高钾素 25 克，每亩喷雾 3 桶	进入高温 季节，及时 防治病虫害 危害

（续）

星期 物候期	管理要点	主要农事操作	特别提示
第十五周 生殖 生长期	田间检查、田间记录	1. 自本周开始马铃薯生长进入后期，工作以防涝为主，防止大雨造成积水淹过垄面 2. 抽查地下薯块生长情况，估产	
第十六周 收获期	割秧、田间记录	1. 如大部分叶子开始变黄，本周末及时割掉地上秧苗，晾晒地块，使地下薯块形成木栓层（老皮）后收割 2. 割秧后 15 天后采收	
第十七周 收获期	准备收获	防盗挖、防雨水积水、防地面干裂太阳照晒造成薯块发青	
第十八周 收获期	收获	1. 采收时按大小分级包装 2. 采用尼龙或塑料网袋包装 3. 存放于通风、防晒、防雨的阴凉干燥处，待运	挑出畸形薯、虫害薯、带病薯

大田种薯生产中的几种灭蚜方法：

马铃薯种薯生产中最忌蚜虫传毒，冬播后期、夏播中期是大田防治蚜虫的主要时期，结合防病，采用化学防治和物理防治相结合的方式，主要措施有：

①叶面每隔 5 天喷雾内吸传导型杀虫剂毒杀蚜虫。

②地面使用反光膜驱避蚜虫。少量套种番茄秧、葱、蒜克制蚜虫。

③田间等距离插黄板诱杀蚜虫。夜间安装频振式杀虫灯触杀蚜虫。

第八节 "五彩椒奇幻之旅——泡椒制作"研学活动案例[①]

一、活动背景

五彩椒是椒中之珍品，兼具多种价值与神奇色彩，其富含大量维生素，可促进代谢、美容养颜、抗衰老，且同株果实呈现绿、黄、白、紫、红五色，如"植物彩虹"般鲜艳夺目，是兼具观赏、食用、药用价值于一身的优良作物品种。玉林市五彩田园中农富玉农场五彩椒基地为孩子们提供了宝贵的研学资源。本项目旨在通过"看颜色→种辣椒→做美食"的趣味链条，围绕"五彩椒

---

① 作者：玉林市陆川县第二小学，王巧敏、钟日清；北流市东湖小学，黄世林、陈红宇。

的种植技术、功效及五彩泡椒制作工艺"核心内容开展系列实践活动，让孩子们在亲手种植"魔法辣椒"、制作酸酸辣辣的泡椒，于玩中认识农业，体验劳动的快乐，学会分享与合作，在实践中学习探索、掌握技能、创新创造。

二、活动目标

（一）知识与技能

（1）了解五彩椒的生物学特性、生长环境、栽培技术和营养价值，学会五彩泡椒的制作方法。

（2）能说出五彩椒的 5 种颜色，知道它是可观赏、可吃的"神奇植物"。

（3）学会用小铲子移栽辣椒苗，用喷壶浇水，用玻璃瓶装泡椒。

（4）知道制作泡椒需要"洗干净、晾干水、加调料"3 个步骤。

（二）过程与方法

（1）通过看、摘、尝、种植、泡椒制作等实践活动，培养学生的观察能力、分析能力和实践能力。

（2）用画笔画出五彩椒的生长变化，用贴纸记录种植日记。

（3）小组合作完成泡椒制作，分工完成采摘、清洗、调味等任务。

（三）情感与价值观

激发学生对农业科技和传统工艺的兴趣，指导学生了解农业，感恩衣食之源，培养劳动意识和实践探索精神，养成热爱劳动的好习惯。

三、课程设计（表 8-15）

表 8-15　课程设计

模块	环节名称	核心活动	学科融合	工具材料
魔法初体验 （1课时）	彩虹辣椒大发现	1. 观察五彩椒植株、花、果、叶的形状和颜色 2. 讨论"为什么叫五彩椒?"	美术（颜色认知） 语文（语言表达）	
种植小能手 （2课时）	小小农夫上线	1. 导师示范用小铲子挖小坑（深度 5 厘米），放苗、填土、浇水，讲解五彩椒栽培和养护方法；学生种植实践 2. 小组给辣椒苗取名（如"彩虹小队"），挂姓名牌	劳动教育	小铲子、喷壶、姓名牌

（续）

模块	环节名称	核心活动	学科融合	工具材料
科学小观察	科学小观察	开展科学小观察并用种植日记记录辣椒苗的变化	科学（生长观察）	
美食魔法屋（2课时）	泡椒制作大挑战	1. 安全儿歌："小剪刀，剪蒂头；清水洗，擦擦干；玻璃瓶，无油水；辣椒蒜，一起装；倒酱油，盖紧盖!" 2. 老师提前准备好调料包（酱油＋冰糖），学生负责装瓶	劳动＋生活技能	塑料剪刀、玻璃罐/塑料罐、湿巾
	创意分享会	1. 小组设计泡椒标签（画图案＋起名字，如"彩虹辣辣酱"） 2. 分享："我的泡椒要送给谁? 为什么?"	语文（表达）＋美术	彩笔、贴纸
魔法总结会（1课时）	劳动勋章颁奖	1. 评选"最佳合作小组"（贴纸投票） 2. 颁发"彩虹小农夫""美味小厨师"勋章	德育（团队精神）	勋章贴纸、小奖品
	家庭延伸	1. 带回家的泡椒贴上"成长记录卡"，记录每天的变化 2. 周末和家长一起品尝，写一句话感想	亲子互动	记录卡

四、实施流程

（一）活动前准备

1. 实践基地准备

（1）场地划分：种植区（12块小组地块，行距50厘米标记绳）、加工区（消毒容器100个、一次性手套）、观察区（不同成熟度植株）；

（2）工具材料：小铲子、喷壶、姓名牌、塑料剪刀、调料包、彩笔、贴纸、彩虹积分表；

（3）安全检查：移除尖锐物品，设置急救站（创可贴、碘伏、驱蚊液）。

2. 学生准备

（1）穿舒适衣物、运动鞋，自带水杯；

（2）提前观看《五彩椒小百科》动画（5分钟）。

（二）第一课时：魔法初体验——彩虹辣椒大发现

1. 目标：激发兴趣，认知外观特征

2. 流程

趣味导入（5分钟）：教师通过故事或提问如"谁见过会变颜色的植物？"等方式导入。

观察活动（20分钟）：观察植株，记录触感和气味。

分享讨论（10分钟）：用"有的……有的……"句式描述果实，联想彩虹、宝石等比喻。

美术涂鸦（5分钟）：在种植日记上画下第一眼看到的五彩椒。

（三）第二、第三课时：种植小能手——小小农夫上线

1. 目标：掌握移栽技能，体验种植过程

2. 第二课时：理论＋示范（40分钟）

种植课堂（20分钟）：导师讲解五彩椒特性和栽培方法，示范正确移栽姿势。

安全示范（5分钟）：劳动安全教育和安全劳动示范。

小组分工（7分钟）：选"挖坑员""扶苗员"等角色，领取工具前往种植区。

模拟练习（8分钟）：用空花盆练习填土，教师纠正动作。

3. 第三课时：实践操作（40分钟）

移栽实践（25分钟）：小组合作移栽10株苗，导师检查坑深和间距等，拍照记录。

科学观察（10分钟）：粘贴"第一天小苗"贴纸，记录天气和心情符号。

整理休息（5分钟）：收拾劳动现场，工具归位。

（四）第四课时：科学小观察——我的辣椒日记

1. 目标：培养持续观察习惯

2. 流程

回顾提问（5分钟）："小苗长高了吗？叶子变多了吗？开花了吗……"

观察任务（20分钟）：测量苗高，数分株数，用文字记录长势情况，发现黄叶问题并讨论。

分享环节（15分钟）：每组"观察员"分享发现、种植感受等。

（五）第五、第六课时：美食魔法屋——泡椒制作大挑战

1. 目标：安全制作泡椒，体验劳动成果

2. 第五课时：清洗与准备（40分钟）

安全课堂（10分钟）：演示"盐水洗澡"消毒，强调"无油无水＝无细菌"。

分组操作（25分钟）：剪蒂头、盐水浸泡、晾干或用纸擦干，教师提醒"轻拍不捏破"。

瓶子消毒（5分钟）：热水冲洗容器，吹风机冷风吹干，标记组名。

3. 第六课时：装瓶与密封（40分钟）

趣味调味（15分钟）：按口诀装瓶，创意组添加话梅/柠檬，教师协助分发。

密封仪式（10分钟）：画"防菌魔法符"，贴制作日期，轻摇瓶子混合调料。

安全检查（10分钟）：教师检查瓶盖，提醒"阴凉处存放15天"。

劳动分享（5分钟）：讨论送给谁，引导感恩父母或老师。

（六）第七课时：创意分享会——我的魔法作品

1. 目标：展示创意，提升表达能力

2. 流程

标签设计（20分钟）：小组合作设计标签，要求含五彩椒元素和趣味名字。

小组展示（15分钟）：轮流解说标签含义，如"彩虹辣辣酱＝五种颜色＋辣辣的爱"。

贴纸投票（10分钟）：用"彩虹贴纸"评选最佳创意，票数最高组获"创意之星"。

总结回顾（5分钟）：回顾全天活动，强化"种植→制作"流程记忆。

（七）第八课时：魔法总结会——劳动勋章颁奖

1. 目标：激励劳动热情，延伸家庭实践

2. 流程

积分兑换（15分钟）：公布小组积分，兑换"魔法种子包"，颁发勋章贴纸。

家庭任务（10分钟）：发放种子包，布置"每周画生长图"任务，家长协助记录。

安全返程（10分钟）：整理物品，回收工具，齐唱安全儿歌《劳动结束歌》。

合影留念（5分钟）：手持泡椒瓶和勋章，合影留念。

五、关键操作

（一）种植环节

（1）行距株距：简化为"一臂宽"（约50厘米），用绳子做标记；

（2）施肥：老师提前准备好肥料水，学生用喷壶均匀喷洒；

（3）防害：观察是否有虫洞，发现后用"捕虫贴纸"粘害虫（替代农药）。

（二）加工环节

（1）安全第一：使用塑料罐容器，避免摔碎；用塑料刀切开辣椒（教师指导）。

（2）趣味配方：

基础版：辣椒＋蒜瓣＋酱油（现成调料包）；

创意版：加1颗话梅（酸甜味）或2片柠檬（清新味）。

六、评价与激励

（一）彩虹积分表（表8-16）

表8-16　彩虹积分表

任务	积分规则	奖励
正确移栽1株苗	＋2分	每5分换1枚贴纸
安静听讲解	＋1分	集满10贴纸换"魔法种子包"
主动帮助同学	＋2分	小组积分最高获"彩虹旗"

（二）简易评价工具

（1）种植日记：用"笑脸贴纸"评价观察认真度。

（2）泡椒成品：从"颜色漂亮""瓶子干净""分工明确"3方面贴星星贴纸。

第九节 "甜蜜之秋，蔗里有你——甘蔗主题实践"研学活动案例[①]

一、活动背景

甘蔗是广西壮族自治区的"甜蜜支柱"——作为全国最大的甘蔗产区，广西甘蔗种植面积超1 300万亩，蔗糖产量占全国60%以上，被誉为"中国糖

---

① 作者：玉林市玉东新区玉东小学，陈菁、陈明斌；玉林市玉东新区实验小学，林盛云、卢小莲。

罐"。其种植历史可追溯至秦汉时期，历经千年发展，形成了从田间种植到制糖深加工的完整产业链，甘蔗产业不仅是千万蔗农的收入来源，更奠定了广西在全国糖业版图中的核心地位。

课程以"探秘家乡甜蜜产业"为切入点，通过"观察甘蔗田—体验采摘—动手榨汁—了解制糖史"的沉浸式实践，让幼儿直观认识广西农业支柱产业的魅力，感受家乡"一根甘蔗甜天下"的自豪，培养知农、爱农的朴素情感。同时，课程融合生物（甘蔗生长规律）、劳动（采摘技能）、经济（产业价值）等多元视角，落实《大中小学劳动教育指导纲要（试行）》中"立足本土资源，培养实践创新能力"的要求。

二、活动目标

（一）知识与技能（科学认知）

能识别甘蔗的根、茎、叶结构，知道甘蔗是多年生草本植物（生物学科）。

了解甘蔗从种植到制糖的主要流程，说出甘蔗的食用方式（如榨汁、制糖、直接食用）。

（二）过程与方法（实践能力）

掌握安全采摘甘蔗的方法（使用专用小镰刀砍断基部），学会与同伴协作搬运甘蔗。

能参与甘蔗汁制作过程（清洗、切段、压榨），规范使用简易工具（塑料刀、手动榨汁器）。

（三）情感态度与价值观（劳动素养）

体会"谁知盘中餐"的含义，养成珍惜食物的习惯。

增强团队合作意识，在分工中感受集体劳动的乐趣。

三、活动设计（表 8-17）

表 8-17　活动设计

模块	主题	核心活动	学科融合	工具材料	安全要点
认知奠基	农场探秘：秋韵寻蔗	1. 导师带领观察甘蔗田，对比甘蔗与其他作物（如玉米）的外形差异 2. 趣味问答："甘蔗为什么是一节一节的？""叶子边缘为什么像锯齿？"	生物/自然观察	甘蔗植株	未戴手套禁止触摸叶片边缘（防割伤）

（续）

模块	主题	核心活动	学科融合	工具材料	安全要点
劳动实践	甜蜜劳作：甘蔗采摘	1. 安全示范：使用儿童安全镰刀（钝头设计）从基部砍断甘蔗 2. 小组分工：1人砍蔗、2人搬运、1人记录采摘数量	劳动教育/数学（数量统计）	儿童镰刀、手套、记录板	镰刀专人管理，搬运时注意脚下安全
跨学科探究	创意工坊：甘蔗的N种玩法	1. 科学实验：用手动榨汁器制作甘蔗汁，观察"固体→液体"的物理变化 2. 艺术创作：用甘蔗渣制作贴画，用甘蔗段搭建"小房子"	物理（压榨原理）/美术	榨汁器、安全剪刀、彩纸	榨汁器须教师协助操作
文化体验	舌尖上的甘蔗	1. 品尝甘蔗汁、红糖块，讨论"甜从何来" 2. 故事分享：甘蔗的环球旅行（甘蔗如何从热带传入中国）	历史/健康饮食	故事绘本	控制饮用量，避免过量甜食
总结延伸	丰收分享会	1. 小组展示：用图画记录"今天最开心的事" 2. 颁发"劳动小标兵"勋章 3. 布置家庭任务：与家长分享甘蔗知识	德育/亲子互动	勋章贴纸、绘画纸	场地保持通风，避免拥挤

四、实施流程（表 8 - 18）

表 8 - 18　实施流程

时间	环节	内容要点	师资配置
7：50—8：40	研学启航	1. 乘校车前往农场，途中播放甘蔗儿歌 2. 教师清点人数，发放研学任务卡	每班 2 名教师＋1 名导游
8：40—9：10	开营仪式	1. 农场导师欢迎致辞，讲解安全规则（"三不"：不奔跑、不摘野果、不离开队伍） 2. 幼儿分组（5 人/组），选举"小队长"	导师＋班主任
9：10—10：00	农场探秘	1. 甘蔗田间课堂：认识甘蔗"节节高"的生长特性 2. 寻宝游戏：在农田中寻找隐藏的甘蔗叶片标本	导师＋配班教师
10：00—11：10	甘蔗采摘与加工	1. 安全采摘：导师示范镰刀使用，幼儿分组完成采摘（每组目标 5 根） 2. 集体榨汁：教师操作大型榨汁机，幼儿观察出汁过程，每人品尝 1 小杯	导师（负责工具）＋教师（负责安全）
11：10—11：30	创意手工	用甘蔗渣制作贴画（如秋天的树），剩余甘蔗段用于搭建"迷你农场"	美术教师＋生活老师
11：30—12：30	田园午餐	1. 菜单：甘蔗炖排骨（体现食材妙用）、清炒时蔬、玉米粥 2. 餐前感恩词："感谢农民伯伯的辛勤劳动。"	生活老师（分餐）
12：30—13：30	午休	农场休息室午休，教师轮流值班	班主任＋生活老师
13：30—14：10	蔗汁品尝与故事时间	1. 对比品尝甘蔗汁与红糖水，讨论味道差异 2. 绘本故事《糖的秘密》	教师＋阅读专员
14：10—15：00	丰收分享会	1. 小组汇报：用图画或实物展示研学收获 2. 颁发勋章，合影留念	全体教师
15：00	返程	1. 整理个人物品，清点工具 2. 车上分享"今天最甜蜜的发现"	教师＋导游

五、安全保障体系

（一）风险分级管控（表8-19）

表8-19　风险分级管控

风险类型	具体场景	预防措施	应急方案
生物安全	蚊虫叮咬	提前喷洒驱蚊液，穿长袖长裤	携带驱蚊药膏、抗过敏药
操作安全	镰刀/榨汁器使用	儿童专用钝头镰刀，榨汁机由教师操作	伤口立即用碘伏消毒，严重送医
交通安全	往返车程	选用有资质校车，配备安全带	跟车教师全程陪护，禁止站立
饮食安全	甘蔗汁饮用	鲜榨汁当场饮用，不超过200毫升/人	观察是否有过敏学生，备肠胃药

（二）人员配置标准

（1）师生比：1∶10（幼儿园）/1∶15（小学低年级），每组配备1名安全员（农场工作人员）。

（2）培训要求：教师需通过"儿童急救"和"农业工具安全使用"专项培训，考核合格上岗。

六、评价体系

（一）幼儿成长评价表（表8-20）

表8-20　幼儿成长评价表

评价维度	评价指标	评价方式
知识掌握	能说出甘蔗的1个生长特点	课堂问答＋任务卡完成度
劳动技能	正确使用采摘工具，参与团队搬运	教师观察记录
社会情感	主动分享、帮助同伴	小组互评＋教师评语

（二）成果展示

（1）实物成果：甘蔗贴画、研学手册（记录采摘数量、品尝感受）。

（2）行为成果：能向家长描述甘蔗采摘过程，表达"珍惜食物"的想法。

七、特色与延伸

（一）特色亮点

（1）多感官体验：通过看（外形）、听（生长故事）、闻（蔗香）、尝（甜味）、触（粗糙的茎）五感认知甘蔗。

（2）跨学科融合：自然观察（生物）＋工具使用（劳动）＋物理变化（榨汁）＋艺术创作（手工）。

（3）情感渗透：通过餐前感恩、分享环节，培养尊重劳动、热爱自然的情感。

（二）延伸活动

（1）家庭任务：发放甘蔗种苗，开展"家庭种植小实验"，记录生长高度。

（2）校园拓展：在班级植物角设置"甘蔗生长记录墙"，持续观察植株变化。

第十节 "稻香里的科学梦——水稻的一生"研学活动案例[①]

一、活动背景

水稻作为全球重要粮食作物，起源于中国，其种植历史可追溯至新石器时代。玉林地区作为水稻主产区，拥有丰富的农耕资源与杂交水稻种植技术。本课程依托本地稻田基地，以"水稻的一生"为主线，通过"理论认知—种植实践—田间管理—丰收体验—文化拓展"五阶活动，融合多学科知识，让学生在亲身体验中理解粮食生产的科学原理，感悟"粒粒皆辛苦"的内涵，培养劳动精神与科学素养。

二、学科融合（表 8-21）

表 8-21　学科融合

学科	融合内容
生物	水稻生长周期、光合作用、病虫害识别
地理	水稻种植的气候与土壤条件、区域农业分布

---

① 作者：玉林市玉州区第八初级中学，宾金玲；玉林市陆川县大桥镇初级中学，何荣华；玉林市玉州区迴龙小学，庞锡兰。

（续）

学科	融合内容
数学	种植密度计算、产量测算、面积规划
化学	肥料配比、浸种药剂使用、土壤酸碱度分析
劳动	育秧、抛秧、收割、晒谷等农耕技能实践
语文	撰写观察日记、创作丰收诗歌、分享劳动心得
美术	稻田写生、稻草人设计及编织、大米包装设计

三、活动目标

（一）知识与技能

（1）能准确描述水稻4个生长阶段（幼苗期、分蘖期、抽穗期、结实期）的特征及关键种植技术。

（2）掌握育秧、抛秧、收割等6项农耕技能，规范使用镰刀、打谷机等5种农具。

（3）理解杂交水稻技术的科学原理，能列举至少2项生态种植方法（如稻田养鱼、无公害驱鸟）。

（二）过程与方法

（1）通过连续30天记录《水稻生长观察日志》，提升数据采集与分析能力（如株高变化、分蘖数统计）。

（2）在小组合作中完成"稻田规划—种植—管理—收割"全流程，培养沟通协作与问题解决能力（如应对病虫害、节水灌溉方案设计）。

（三）情感与价值观

（1）体验劳动艰辛，养成珍惜粮食的习惯，能复述1个本地稻农的劳动故事。

（2）增强环保意识，提出1项可持续农业建议（如秸秆还田、水资源循环利用）。

四、活动设计（表8－22）

表8－22　活动设计

模块	核心内容	跨学科融合	实践形式
认知奠基	水稻起源、品种分类、生长周期理论学习	历史/生物	讲座＋视频学习

（续）

模块	核心内容	跨学科融合	实践形式
种植实践	育秧、抛秧、施肥等基础农耕操作	化学/数学	田间实操＋数据记录
田间管理	灌溉控制、病虫害防治、生态驱鸟	地理/物理	科学实验＋创意设计
丰收体验	收割、脱粒、晒谷、产量测算	数学/劳动	劳动实践＋主题活动
文化拓展	大米加工、包装设计、美食制作、诗歌创作	美术/语文	工坊实践＋文艺汇演

五、实施流程

（一）阶段一：认知奠基（1 天）

活动 1：前世今生话水稻

理论学习：通过纪录片《水稻的故事》了解水稻起源、全球种植分布及玉林本地种植特色。

实地探访：参观五彩田园隆平高科及隆平高科展示厅，聆听杂交水稻技术讲座，重点记录袁隆平院士的贡献。

跨学科任务：小组合作制作水稻历史地理手抄报，融合历史事件（如河姆渡遗址）与地理分布（如中国水稻主产区地图）。

（二）阶段二：种植实践（2 天）

活动 2：稻梦新苗（育秧）

技术要点：

浸种：用 500 倍多菌灵溶液浸种 12 小时（化学消毒）。

播种：每盘播 30 克种子，覆盖 0.5 厘米营养土，覆膜保温（生物发芽条件）。

学生实践：分组完成育秧盘装填、播种、覆膜，记录温度与湿度变化对发芽率的影响。

活动 3：妙手抛秧（移栽）

科学计算：按行距 25 厘米、株距 20 厘米计算每亩种植密度（数学：1.5 万～2 万株/亩）。

实践操作：模仿"扇形抛秧法"（物理：抛物线原理），确保秧苗均匀分布，小组间开展"抛秧均匀度"竞赛。

（三）阶段三：田间管理（7～10 天，分阶段实施）

活动 4：稻田守护者

生态观察：绘制水稻与稗草形态对比图（美术），掌握除草技巧（劳动）。

节水实验：对比"传统灌溉"与"分蘖期控水"的产量差异（地理：水资

源管理）。

创意驱鸟：用废旧材料制作稻草人、反光驱鸟带（美术＋物理：光学原理）。

（四）阶段四：丰收欢歌（1天）

活动5：稻穗金舞

收割竞赛：规范使用镰刀（劳动安全），计算小组人均收割量（数学：效率公式）。

脱粒体验：手动打谷机操作（物理：机械能转化），对比传统与机械化脱粒差异。

主题创作：以"丰收"为主题创作诗歌或绘画（语文＋美术），举办田间文艺汇演。

（五）阶段五：文化拓展（1天）

活动6：米的魔法之旅

加工实践：参观碾米厂，体验"稻谷→糙米→精米"的加工流程（科学：颗粒分离原理）。

包装设计：根据市场调研数据（如透明包装销量高20％），设计环保米袋（美术＋经济）。

美食制作：用新鲜大米制作寿司、米糕，开展"舌尖上的水稻"品鉴会（劳动＋生活技能）。

六、评价体系

（一）过程性评价（60％，表8-23）

表8-23　过程性评价

评价维度	评价指标	分值
劳动技能	育秧、抛秧、收割等操作规范性，工具使用安全度	20分
科学探究	观察日志完整性、实验数据准确性、问题解决方案合理性	20分
团队协作	分工合理性、沟通有效性、任务完成度	10分
跨学科应用	手抄报、诗歌、包装设计等作品的学科融合创新性	10分

（二）成果性评价（40％）

（1）实物成果：合格秧苗盘、收割稻谷量、创意包装作品（20分）。

（2）文本成果：《水稻生长报告》（含生长曲线图、问题分析）、《我的劳动日记》（20分）。

七、安全保障

（一）风险防控（表 8 - 24）

表 8 - 24 风险防控

风险场景	预防措施	应急方案
田间滑倒	安全教育，设置警示标识	携带急救包（云南白药、创可贴）
农具误伤	专人示范刀具使用，强调"单向切割"原则	立即停止操作，消毒包扎后送医
高温中暑	避开正午劳作，配备遮阳帽、藿香正气水	移至阴凉处，物理降温＋口服补液

（二）人员配置

（1）师生比：1：20，每组配备 1 名农业技术员全程指导。

（2）培训要求：教师须通过"农耕安全操作"培训，学生须签署《安全承诺书》。

八、课程延伸

（1）家庭实践：发放水稻种子，开展"家庭微稻田"种植活动，录制生长 Vlog。

（2）校园推广：举办"水稻文化节"，展示学生作品，发起"光盘行动"倡议。

（3）科学探究：开展"不同光照条件对水稻产量的影响"实验，撰写科学小论文。

第十一节　"'萄'你开心——葡萄种植与酿酒"研学活动案例[①]

一、活动背景

广西五彩田园中农富玉科普研学基地拥有 1 100 余种植物栽培资源，其中葡萄种植区涵盖巨峰、夏黑、阳光玫瑰等多个品种，为研学提供了天然实践场。本活动以"葡萄的一生"为主线，融合生物学（生长周期）、化学（发酵原理）、地理学（气候土壤）、经济学（市场分析）等多学科知识，通过"种植管理—采摘加工—酿造品鉴"全流程实践，让学生在体验农耕乐趣的同时，理解农业科技与传统工艺的结合，培养劳动素养与科学精神。

---

① 作者：玉林师范学院，郭艺鹏；玉林市玉州区第八初级中学，黄春花、吴夏宁。

二、活动目标

（一）知识与技能

（1）识别巨峰、夏黑等 5 种葡萄品种，能从果形、糖度、适栽区域等维度对比其生产价值（生物/地理）。

（2）掌握葡萄种植"三部曲"（翻耕→移栽→修剪）和酿酒"五步法"（采摘→破碎→发酵→陈酿→装瓶），规范使用锄头、糖度计、发酵瓶等 10 种工具（劳动/化学）。

（3）理解酿酒过程中的化学反应（糖转化为酒精）和质量控制要点〔卫生条件对酿酒成败的影响（化学/生物）、发酵温度（25～30℃最佳）〕。

（二）过程与方法

（1）通过 30 天记录《葡萄生长日志》，提升观察能力与数据处理能力（如测量株高、糖度变化）。

（2）在小组合作中完成从种植到酿酒的全流程，培养分工协作与问题解决能力（如应对病虫害、发酵失败等问题）。

（3）通过《葡园生长日志》记录株高、新梢长度、糖度等数据，绘制"生长—糖度"双曲线图，培养定量分析能力（数学/生物）。

（4）以小组为单位完成"问题链"探究：

种植问题：如何通过修剪叶片提高葡萄透光率？如何通过修枝和疏果提高葡萄产量和品质？

酿酒问题：不同糖添加量对酒精度的影响？（每组设计 1 组对照实验）

（三）情感与价值观

（1）通过田间研学劳动实践，体会"葡萄生长周期长、工序复杂"的劳动特性，体会"粒粒葡萄皆辛苦"，养成珍惜食物、尊重劳动的品质。

（2）感受农业科技与传统酿酒工艺的魅力，激发对生态农业与食品科学的兴趣。

三、内容框架（表 8 - 25）

表 8 - 25　内容框架

模块	核心内容	学科融合	实践形式
认知奠基	葡萄品种分类、生长周期、酿酒历史	生物/历史	讲座＋标本观察
种植实践	修枝、疏果、田间管理（除草/施肥/修剪/灌溉）	生物/化学/地理	田间操作＋数据记录
加工探究	葡萄采摘、分级处理、糖度检测	化学/数学	实验室检测＋手工操作
酿酒工艺	葡萄酒酿造全流程（破碎、发酵、陈酿）	化学/生物	工坊实践＋对比实验
成果展示	葡萄酒品鉴、主题创作（绘画/诗歌）、市场调研	美术/经济	品鉴会＋调研报告

四、实施流程

(一) 阶段一：认知奠基 (1 课时)

活动 1：葡萄的"前世今生"

理论学习：

通过 PPT 讲解葡萄分类 (红/白/灰葡萄)、全球主产区分布 (如法国波尔多、中国新疆) 及玉林本地种植特色。

观看纪录片《葡萄酒的起源》，了解酿酒历史 (起源于公元前 6000 年的格鲁吉亚)。

实践任务：

观察巨峰、夏黑等品种的果形、色泽、果皮厚度，填写品种特征对比表。

绘制葡萄生长周期图 (萌芽期→抽梢期→开花期→结果期→成熟期→落叶期)。

(二) 阶段二：种植实践 (3 课时)

活动 2：葡园精细化管理实践

核心目标：掌握葡萄生长期的修枝、疏果及田间管理技术，理解"控产提质"的农业科学原理。

第 1 课时：修枝与疏果技术

1. 理论讲解 (30 分钟)

(1) 修枝原理 (生物学科)：

春季修剪：去除弱枝、病枝，保留主蔓及 2～3 条健壮侧枝，控制营养分配。

夏季摘心：掐除新梢顶端，抑制徒长，促进果实膨大。

(2) 疏果要点 (农业科学)：疏除畸形果、过密果，每穗保留 30～50 粒果实 (根据品种调整，如巨峰葡萄疏果后单穗重约 500 克)。

作用：避免养分竞争，提高果实均匀度与糖度。

2. 实践操作 (30 分钟)

(1) 工具发放：修枝剪、手套 (每组 3 套)。

(2) 分组任务：每组修剪 10 株葡萄藤，保留"一主两侧"结构；对夏黑葡萄进行疏果，每穗保留 40 粒左右，记录疏果前后的果穗重量。

第 2 课时：田间管理·除草与施肥

1. 生态除草（30 分钟）

（1）理论讲解（环保理念）：人工除草与化学除草：对比优缺点，强调生态种植（如保留有益杂草调节湿度）。

操作要点：浅耕除草，避免损伤葡萄根系（耕深≤5 厘米）。

（2）实践任务：用锄头清除葡萄植株周边 1 米范围内的杂草。收集杂草或剪下的枝叶等植物垃圾，学习并制作环保酵素。

2. 科学施肥（30 分钟）

（1）肥料配比（化学学科）：

膨果期：每亩施复合肥 20 公斤＋硫酸钾 10 公斤，沿根系外围开沟施用（距主干 30 厘米）。

叶面肥：0.3％磷酸二氢钾溶液，均匀喷施叶片背面（提高吸收效率）。

（2）学生操作：分组计算并称量肥料，完成 5 株葡萄的施肥任务，记录施肥日期与用量。

第 3 课时：田间管理·疏果与灌溉

1. 疏果实践（30 分钟）

（1）理论讲解（生物学科）：

疏果原理：通过去除过密果、畸形果，减少养分竞争，促进留存果实膨大并提升糖度。

品种差异：巨峰葡萄：每穗保留 30～40 粒，单穗重控制在 400～500 克；夏黑葡萄：每穗保留 40～50 粒，避免因果粒过密引发灰霉病。

（2）操作要点：使用修枝剪小心剪除劣质果，保留果穗中上部健壮果实，避免损伤留存果柄。

（3）对比实验：

分组设计：

A 组（常规疏果）：按标准留果量疏除 30％果实；

B 组（重度疏果）：疏除 50％果实，观察两周后果实横径、糖度变化（数据记录见附录疏果效果对比表）。

（4）学生任务：测量并记录疏果前果穗重量、果实数量；

完成疏果操作后，再次测量并对比数据；

预测两组果实成熟后的品质差异（如大小、甜度）。

2. 智能灌溉（30分钟）

（1）灌溉原理（地理学科）：

滴灌系统：根据土壤湿度传感器数据（阈值60％～70％）自动浇水，节约用水30％以上。

手工操作：使用软管沿根系缓慢浇灌，避免大水漫灌导致土壤板结。

（2）实践任务：操作滴灌设备，记录开启时间与用水量；对比滴灌与传统灌溉的效率（时间/水量/均匀度）。

（三）阶段三：加工与酿酒（2课时）

活动3：从葡萄到美酒的蜕变

1. 采摘与检测

观察果皮颜色、果梗硬度，判断成熟度（如巨峰葡萄成熟时呈紫黑色）。

使用手持糖度计测量果汁糖度，记录数据。

2. 酿酒实操

3. 破碎发酵

清洗葡萄并晾干，手工捏碎葡萄（保留果皮，释放色素与单宁）。

按葡萄：冰糖＝10∶1比例混合，装入玻璃瓶（预留1/3空间防发酵溢出）。

25～30℃避光发酵，每日搅拌1次，观察气泡产生（二氧化碳释放）。

4. 陈酿过滤

发酵7天后过滤皮渣，转入干净容器进行二次发酵。

1个月后虹吸法分离酒液，装入消毒后的酒瓶，阴凉处陈酿3个月。

（四）阶段四：成果展示（1课时）

活动4：葡园成果嘉年华

1. 品鉴会

对比市售葡萄酒与自酿酒的色泽、香气、口感，填写品鉴记录表。

科学解释差异原因（如市售酒多经橡木桶陈酿，自酿酒果香更浓郁）。

2. 主题创作

美术：绘制葡园丰收图或设计葡萄酒标签。

语文：创作诗歌《葡萄与酒杯的对话》。

3. 市场调研

分组调查超市葡萄酒价格、包装、产地，分析消费者偏好（如国产红酒占比 40%，礼盒装销量高）。

五、评价体系

（一）过程性评价（60%，表 8 - 26）

表 8 - 26　过程性评价

评价维度	评价指标	分值
劳动技能	种植操作规范性（移栽深度、修剪手法）、酿酒流程完整性	20 分
科学探究	生长数据记录准确性、糖度检测误差率、发酵问题解决方案	20 分
团队协作	分工合理性、沟通有效性、任务完成度	10 分
跨学科应用	品种对比表的生物术语准确性、市场报告的经济学分析深度	10 分

（二）成果性评价（40%）

（1）实物成果：健康葡萄植株、合格自酿葡萄酒、主题绘画作品（20 分）。

（2）文本成果：《葡园生长报告》《酿酒日记》《市场调研报告》（20 分）。

六、活动延伸

（1）家庭实践：发放葡萄扦插苗，开展"家庭微葡园"种植活动，录制生长 Vlog。

（2）科学探究：开展"不同葡萄品种酿酒风味差异"实验，撰写科学小论文。

第十二节 ｜ "倾听玫瑰花语——玫瑰花主题实践"研学活动案例[①]

一、活动目标

（1）对大自然保持好奇心和探究热情，学会观察植物的方法。

（2）加深对生物课本相关知识的认识（植物激素、繁殖方式、细胞的分化），让学生运用自然、历史、数学等相关知识到实践中。

（3）了解玫瑰花的育苗扦插技术、养护和病虫害知识以及玫瑰花文化、药

---

① 作者：玉林市玉州区第八初级中学，杨剑萍。

用等价值。

（4）提高动手操作能力，从不同角度思考问题、养成科学思维和严谨求学的学习态度，培养对色、形、美的审美能力。

二、活动内容框架

活动内容框架见图 8-2。

课程名称	环节设计	任务实施	教学内容	涉及学科
倾听玫瑰花语	我是植物家	任务：观察时令花草的形、色，通过看、闻、摸找出植物的外在形态不同。感受玫瑰的内在与外在之美。	1.玫瑰花在生物学中的属性。 2.玫瑰花的品种分类。	生物 美术
	扦插能手	任务一：了解扦插的原理和扦插苗生长的关键点，用数学知识计算扦插的最优距离。 任务二：学会选材、剪枝和扦插。	1.扦插的原理和扦插苗生长的要素，讲解迁移嫁接的知识。 2.生物学中的组织分化、营养物质供应等知识。	生物 数学 地理
感受自然之美	护花使者	任务一：了解玫瑰花的生长要素及出现的病虫害知识。 任务二：分小组除草、修剪、施肥、喷药等。	玫瑰花生长的条件环境及出现的病虫害知识。	化学 生物
	制作永生花	任务一：了解玫瑰花相关历史文化知识和永生玫瑰的故事。 任务二：根据自己构思制作永生花，评比作品。	玫瑰花的历史文化知识及贡献，在药用及美学上的价值等。	历史 生物

图 8-2　活动内容框架

三、活动亮点

本活动以中小学生为授课对象，活动设计以生物学科为主线，结合自然、地理、历史、数学、美术等学科知识，进行跨学科主题教学。本活动通过农业实践教学，充分将课本所学知识运用到生活中去，将理论与实践相结合，让学生在做中学。这样设计，充分践行新课标理念，通过实践活动培养学生综合能力。活动主要围绕三大玫瑰主题进行：育苗扦插技术、养护和病虫害知识、永生花制作。

四、活动实施（表 8-27）

表 8-27　活动实施

环节	课程环节	研学目标	研学内容	任务实施
1	我是植物家	1. 对大自然保持好奇心和探究热情，学会观察植物的方法 2. 能够用自己的语言流畅表达自己对植物的感受 3. 通过画画记录美好事物	听取老师的知识讲解；参观园区各花卉区域，寻找玫瑰花、荷花及其他各种时令花草，通过看、闻、摸、画等手段，欣赏它们的外在之美，认识不同植物的外在形态，感受玫瑰花的外在之美和内涵之美。带着问题去研学：玫瑰花有什么特点？	1. 课前通过网络、书籍等媒介，搜集玫瑰花的相关知识，包括它的自然属性和文化属性 2. 小组交流，将自己过程中的体验感受和发现说给同学听
2	扦插能手	1. 加深对书本知识的认识（植物激素、繁殖方式、细胞的分化）让学生把课本的知识结合运用到生活中去 2. 激发学习兴趣和生活爱好，提高思考探究能力 3. 通过本环节让学生学会如何繁殖美丽的玫瑰花，并知道其原理，探讨其中的组织分化、营养物质供应、激素调控和环境条件等因素	参观玫瑰花培育大棚；听取老师知识讲解，掌握扦插的原理和扦插苗生长的关键要点；跟着示范从选材到剪枝、插种，并带回家观察其生长过程。带着问题去研学：扦插的原理是什么？有哪些花种可以扦插？	1. 完成玫瑰花的扦插 2. 小组交流，分享扦插心得
3	护花使者	1. 提高对大自然的探究热情，感受植物的神奇和脆弱 2. 提高动手能力、从不同角度思考问题，培养敢于发表见解、主动与他人交流合作的精神 3. 通过本环节让学生了解玫瑰花的基本生长需求和玫瑰花的常见病虫害问题，并通过除草、修剪、施肥、喷药等实践学会实用的养护经验和技巧	听取老师的知识讲解；了解玫瑰花的生长要素及出现的病虫害，小组模式开展分工松土、拔草、修剪、施肥、喷洒体验玫瑰花的日常养护工作。带着问题去研学：影响玫瑰花生长的要素是什么？	1. 小组分工完成养护的流程实践 2. 小组交流、分享本次实践的心得

（续）

环节	课程环节	研学目标	研学内容	任务实施
4	制作永生花	通过本环节让学生了解玫瑰花的文化历史（中国的贡献）、永生花的制作原理，并提高他们的动手能力和个人审美	老师介绍玫瑰花的相关历史文化知识和永生玫瑰的故事，学会制作永生花，根据自己的构思制作永生玫瑰的相架。带着问题去研学：玫瑰花有哪些商用价值？如何推广？	1. 在家制作永生花，装裱在相架内，集中上交进行班级作品评比 2. 交流心得

第三篇

推进广西农耕文化与农业研学互促发展的对策建议

第九章
深挖农耕文化中研学资源的对策建议

第一节 | 梳理农耕文化的研学元素

中华农业历史源远流长，我国在漫长的发展进程中积累了极为丰富的农耕文化资源。农耕文化种类繁多，既包含有形的物质文化，也存在无形的非物质文化。首先要梳理出农耕文化的细致分类，然后才能深挖各类别农耕文化中的研学元素。这些优秀的文化资源是中华民族智慧的结晶，整合好农耕文化资源，是进一步发掘其中研学资源的关键所在。下面以广西为例进行分析。

一、生产用具中的农业研学元素

就生产用具而言，除了常见的耕耘、砍伐、灌溉农具，还有许多具有地域特色和民族风格的工具。比如壮族的木牛流马运输工具，它巧妙地利用了杠杆原理和力学结构，在过去山区的农业运输中发挥了重要作用。通过对这类独特农具的研究和展示，可以让学生更深入地了解古代农业智慧，拓宽农具知识科普的范围，将传统农具所蕴含的创新精神融入耕耘精神传承之中。

二、饮食文化中的农业研学元素

广西不同民族的饮食制作工艺有着丰富的内涵。以壮族的五色糯米饭为例，其制作过程不仅涉及染色植物的识别和采集，还包含了独特的蒸煮技巧以及文化寓意。在研学活动中，可以组织学生参与五色糯米饭的制作，从原料准备到成品出锅，全程体验，让学生在实践中学习农产品加工知识，感受饮食文化背后的民族情感和传统习俗。

三、农业基地中的农业研学元素

农业基地作为现代农业展示的窗口，除了现有的科普和艺术展示功能，还可以进一步拓展。以龙脊梯田为例，它不仅是壮丽的农业景观，还蕴含着丰富的生态循环知识。梯田的灌溉系统巧妙地利用了山地地形，实现了水资源的自然循环和有效利用；梯田中的水稻与鱼类、鸭子等形成了独特的共生生态系统。在研学过程中，可以设置专门的课程，引导学生研究龙脊梯田的生态循环模式，培养学生的生态环保意识和科学探究精神。

四、特色农产品中的农业研学元素

以桑蚕产业为例，广西是我国重要的桑蚕产区。在研学活动中，除了传授桑蚕养殖和丝绸加工的基础知识，还可以深入挖掘桑蚕产业的产业链价值。从桑树的种植、桑叶的采摘，到家蚕的饲养、结茧，再到丝绸的加工制作以及丝绸产品的市场销售，形成一个完整的产业链研学体系。让学生了解农业产业与市场经济的紧密联系，培养学生的经济思维和产业发展意识。

五、农业节日中的农业研学元素

农业节日中的三月三，在广西壮乡有着丰富的庆祝活动。除了传统的对山歌，还有抢花炮、抛绣球等民俗活动。在研学设计中，可以将这些活动与农业生产知识相结合。例如，在抢花炮活动中，讲解花炮的制作原料与农业的关系，以及活动背后所蕴含的祈求丰收、团结协作的文化内涵；在抛绣球活动中，介绍绣球的制作工艺（多以当地的布料、丝线等农产品为原料），并让学生了解壮族青年通过抛绣球来表达爱情与对美好生活向往的传统习俗，进一步丰富农业历史知识科普和农业文化传承的内容。

六、农业庆祝活动中的农业研学元素

侗乡"三夏"时节，有着独特的农事劳作习俗和庆祝方式。在这个时期，侗族人民会举行祭祀祖先、感恩土地的仪式，同时开展集体的农事竞赛活动，如插秧比赛等。在研学活动中，可以让学生参与到这些活动中来，亲身体验侗族人民在"三夏"时节的忙碌与喜悦，深入了解侗族的农耕文化和民俗风情，增强民俗文化传承的效果。

七、歌舞活动中的农业研学元素

歌舞活动方面，舞龙舞狮、赛龙舟、唱山歌等不仅是娱乐活动，还蕴含着深刻的文化意义。以舞龙为例，龙在中华文化中象征着吉祥、力量和团结。在舞龙表演的研学活动中，学生可以详细了解舞龙的历史渊源、制作工艺（龙身通常由竹篾、彩布等制成，这些材料都与农业生产相关）以及表演技巧。同时，组织学生参与舞龙制作和表演，让学生在实践中感受集体协作的重要性，传承龙文化所代表的团结奋进精神。

八、农业诗谚活动中的农业研学元素

农业诗谚是农耕文化的文学结晶。古代诗歌中，许多作品描绘了农业生产场景、农民生活状况以及季节与农事的关系。例如，范成大的《四时田园杂兴》组诗，生动地展现了江南农村四季的不同景象和农民的辛勤劳作。在研学课程中，可以设置诗歌赏析环节，让学生通过解读这些诗歌，了解古代农业生产方式和农民的情感世界。壮乡谚语则简洁而深刻地反映了当地的农业经验和生活智慧，如"芒种夏至天，走路要人牵"，形象地描述了芒种夏至时节天气炎热，人们劳作时的艰辛。通过对这些谚语的学习，学生可以更好地理解地域农业文化和传统农耕智慧（表9-1）。

表9-1　农耕文化中研学元素的发掘

文化类型	类别	代表性例子	研学元素
有形文化	生产用具	耕耘、砍伐、灌溉等	农具知识科普、耕耘精神传承
	饮食文化	米粉、粽子、糯米饭等	饮食文化科普、农产品加工知识传承
	农业基地	美丽南方、五彩田园、龙脊梯田等	现代农业科学技术科普、艺术展示
	特色农产品	甘蔗、柑橘、桑蚕等	农产品栽培、种植知识科普
无形文化	农业节日	三月三、春节、清明等	农业历史知识科普、农业文化传承
	农业庆祝活动	侗乡的"三夏"时节、中国农民丰收节等	民俗文化传承
	歌舞活动	舞龙舞狮、赛龙舟、唱山歌等	集体农事活动体验、农业文化传承
	农业诗谚	古代诗歌、壮乡谚语等	农业诗词文化传承

第二节　增强农业研学的内生动力

建立完善的组织保障机制是推动农业研学高质量发展的重要基石。这需要政府、社会和学校三方协同合作，形成强大的合力，为研学活动提供全方位的支持。

一、强化政府引领作用

政府在农业研学发展中起着关键的引领作用。首先，政府应出台一系列相关的法律法规政策，为研学活动提供坚实的法律保障，规范研学市场秩序。例如，制定严格的研学机构准入标准，明确研学活动的安全责任、服务质量要求等，确保研学活动在合法、有序的环境下开展。同时，通过政策引导和资金扶持，激发研学市场的活力。政府可以设立专项扶持资金，鼓励企业投资建设农业研学基地，对开发优质研学课程的机构给予奖励，推动农业研学产业的标准化建设。在活动评估方面，建立科学合理的评估体系，从课程内容、教学方法、安全保障、学生反馈等多个维度对研学活动进行评估，确保活动质量。此外，政府部门还应积极引导本地区农业企业、学校、农户共同参与到农业研学活动中来。通过举办农业研学发展论坛、经验交流会等活动，搭建交流合作平台，促进各方分享经验、共同创新。鼓励农业企业与学校开展合作，根据学校的教学需求和学生特点，开发具有针对性的研学课程；引导农户利用自家的农田、果园等资源，参与到农事体验等研学项目中，拓宽收入渠道，提高本地区农业研学的整体竞争力。

二、创新校企合作模式

学校和农业企业等主体应积极营造良好的农业研学氛围。学校可以充分利用自身的教育资源优势，举办各类农业主题活动。除了农民丰收节、舞龙舞狮、赛龙舟、唱山歌等活动外，还可以开展农业知识竞赛、农业科技小发明比赛等，激发学生对农业的兴趣和探索欲望。建设农业科普基地，设置不同主题的展示区，如农业历史文化展示区、现代农业科技展示区、当地特色农产品展示区等，通过实物展示、图文介绍、多媒体演示等多种形式，为师生提供丰富的农业知识学习场所。农业企业则应依托自身的农业基地，举办形式多样的科普活动和科技展览。例如，举办农业新品种展示会，向游客介绍最新的农作物品种和种植技术；开展农业科技体验活动，让游客亲自体验无土栽培、智能灌溉等现代农业技术的操作，感受科技对农业的巨大推动作用，吸引更多游客参与到农业研学活动中来。

三、完善研学审核机制

持续推动研学审核机制的建立是保障农业研学质量的重要环节。建立专业的审核机制，对农村农业研学活动方案的各个方面进行严格审核。审核内容包括活动方案的教育价值、课程设计的合理性、活动费用的合理性、后勤保障的完善性等。审核机制应遵循合法化、程序化、专业化的原则，以服务农业研学参与者为根本目的，尽量简化审核程序，提高审核效率。审校人员可由政府相关部门的专业人员、企业执行方代表、农业类科研院校的专家或教师共同组成。政府部门人员负责审核活动的合法性和规范性；企业执行方代表从实际操作层面提供意见，确保活动的可行性；科研院校的专家和教师则凭借专业知识，对活动方案的教育性和科学性进行把关。三方共同协作，为审核工作提供强有力的质量保证，提高农业研学活动的性价比。此外，学校可以建立并完善学生农业研学档案，对学生参与研学活动的过程进行全面记录。将学生在研学活动中的参与图片、视频、撰写的成果报告等资料进行整理归档，并及时反馈给家长。通过建立政府、市场、学校、家长四方协同体系，加强对学生研学活动的监督和管理，促进农业研学质量和价值的不断提升。

四、加强研学导师培养

建立科学的农业研学导师培养机制是提高农业研学教学水平的关键。在研学导师人才培养方面，应制定健全的培养方案，构建"产、学、研、创、用"一体化的育人机制。将研学导师的培养纳入高校和职业院校的人才培养方案中，设置专门的课程和实践环节。例如，开设农业研学课程设计、农业文化讲解技巧、研学活动组织与管理等课程，让学生系统学习农业研学相关知识和技能。通过组织研学论坛，邀请业内专家、优秀研学导师分享经验，拓宽学员的视野；选派代表外出学习先进的研学模式，将先进理念和方法带回本地。同时，将研学课程的教材教法纳入师范生教学课程当中，培养未来教师的农业研学教学能力；将农业研学创新创业纳入大学生创新创业计划，鼓励学生开展与农业研学相关的项目研究和实践探索；将研学课程的开发、农业研学的推广应用及其相关配套服务，作为师范生创业项目加以孵化，为农业研学产业培养具有创新精神和实践能力的专业人才。通过创新创业基地、校企合作、实践基地训练等多种途径，培养出一批既有扎实理论功底又具有丰富实践经验的农业研学导师，为农业研学活动的高质量开展提供人才保障。

第三节　激活研学资源的多元路径

农耕文化作为中华优秀传统文化的重要组成部分，承载着丰富的历史信息和文化景观，具有不可估量的历史文化价值和科学教育价值。为了实现研学资源的可持续利用，必须高度重视农耕文化的传承与保护工作。

一、在要素赋能中开发研学资源

挖掘和整理农耕文化资源，并将其有机融入农业研学课程中是重要举措。组织学生参观传统村落、农业遗迹等是一种直观有效的方式。例如，位于某地区的古村落，保存了大量明清时期的古建筑，这些建筑不仅具有独特的艺术风格，还与当地的农业生产和生活方式紧密相关。在研学活动中，学生可以走进这些古村落，参观传统民居、农田水利设施、古磨坊等，了解古代农民的居住环境、农业生产工具和生产方式。通过实地观察和专业讲解，学生能够亲身体验农耕文化的魅力，增强对优秀传统文化的认识和认同感。此外，邀请农耕文化传承人、民间艺人走进校园也是传承农耕文化的有效途径。他们可以为学生传授传统的农耕知识和技能，如传统的手工编织技艺、农作物种植技巧、民间酿造工艺等。让学生在实践操作中感受传统文化的魅力，培养学生对传统文化的兴趣和热爱，使农耕文化在校园中得以传承和发扬。

利用现代信息技术手段，建立农耕文化数字资源库。通过数字化手段采集、存储和展示农耕文化的各类信息，如历史文献、图片、视频、音频等，为农耕文化的研究和传承提供丰富的资料。同时，利用虚拟现实（VR）、增强现实（AR）等技术，开发沉浸式的农耕文化体验产品，让学生能够更加身临其境地感受农耕文化的魅力。例如，开发一款以古代农耕生活为背景的VR体验游戏，学生可以在游戏中扮演古代农民，参与播种、灌溉、收割等农事活动，了解古代农耕的全过程，增强学习的趣味性和互动性。

二、在传承保护中发展研学资源

加强农业文化遗产的保护和传承工作至关重要。农业文化遗产是农耕文化的重要物质载体，保护乡村文物古籍、传统村落、农业遗迹等，不仅可以保留农耕文化的历史记忆，还能为现代社会提供丰富的文化资源。以某农业遗迹为例，它是古代灌溉工程的杰出代表，至今仍在发挥着灌溉农田的作用。对这类农业遗迹的保护，不仅要注重对其物质形态的保护，还要深入挖掘其背后的历史文化价值和科学技术价值。通过开展科学研究，揭示古代灌溉工程的设计原理、运行机制和生态效益，为现代水利工程建设提供借鉴。同时，结合当地的自然条件和社会经济条件，因地制宜地发展绿色农业和生态旅游业。在保护农业文化遗产的基础上，开发与农业文化相关的旅游产品和研学项目，如农业文化主题旅游线路、农业遗产科普体验活动等，实现农耕文化的活态传承和利用。这样既可以促进当地经济的发展，又能让更多人了解和认识农耕文化，为农耕文化的传承创造良好的社会环境。

在农业文化遗产保护和传承工作中，加强国际交流与合作也是重要的发展方向。许多国家都拥有独特的农业文化遗产，通过与国际组织、其他国家交流合作，可以学习借鉴先进的保护理念和技术。比如，日本在传统稻田文化保护方面，推行"里山倡议"，将稻田与周边生态环境视为一个整体进行保护和管理，实现了农业生产、生态保护和文化传承的协同发展。我国可以引进类似的理念和技术，结合本土实际情况加以应用。同时，积极参与国际农业文化遗产的评定和交流活动，能够提升我国农耕文化在国际上的影响力，吸引更多国际游客参与到相关研学活动中，促进农耕文化的多元发展。

三、在互动融合中丰富研学资源

在实现研学资源可持续的过程中，注重与当地社区的互动和合作是关键环节。邀请当地农民、村民参与研学活动的策划和实施，为研学活动提供丰富的本土知识和实践经验，使研学活动更具真实性和地方特色。例如，在农事体验类研学活动中，当地农民可以指导学生进行农作物种植、采摘等活动，传授他们实用的农业生产技巧和经验。同时，研学活动也可以为当地社区带来经济收益和发展机遇。通过开展研学活动，吸引更多游客来到当地，促进当地农产品的销售，带动餐饮、住宿等相关产业的发展，实现文化传承与经济发展的双赢。此外，还可以组织学生参与社区的农耕文化保护活动，如参与传统村落的修缮、农业遗迹的保护宣传等，培养学生的社会责任感和文化保护意识，形成社区、学校和学生共同参与农耕文化传承与保护的良好局面。

在与当地社区互动合作时，建立长效的利益共享机制是保障合作持续深入的关键。除了通过研学活动带动农产品销售和相关产业发展外，还可以探索成立社区合作组织，让社区居民以土地、劳动力等资源入股研学项目，按照股份获取收益分红。这样可以进一步激发社区居民参与的积极性和主动性，增强他们对农耕文化传承的责任感。此外，开展社区农耕文化教育活动，提高社区居民对本地农耕文化价值的认识，培养他们的文化自豪感，使他们成为农耕文化传承的自觉推动者。例如，定期举办社区农耕文化讲座、民俗技艺培训等活动，鼓励居民传承和弘扬本地特色的农耕文化。

进一步加强农耕文化与现代教育体系的融合。在学校教育中，除了开展研学活动外，还可以将农耕文化纳入校本课程体系，编写专门的教材和教学大纲。根据不同年龄段学生的认知特点，设置相应的教学内容。对于小学生，可以开展简单的农事体验活动，结合绘本、故事等形式，让他们了解基本的农作物知识和农耕文化的趣味性。对于中学生，可以增加农业科学知识的学习，如农业生态系统、农业技术发展等内容，并组织学生开展农业研究性学习项目。对于大学生，可以开设与农耕文化相关的专业课程，培养专业的农耕文化研究和传承人才。通过这样的分层教育，持续培养学生从幼儿到青年阶段对农耕文化的兴趣，为农耕文化的传承和发展奠定坚实的人才基础。

在农耕文化传承与保护的宣传推广方面，充分利用新媒体平台的传播优势。通过短视频、直播等形式，展示农耕文化的魅力和研学活动的精彩瞬间。例如，邀请网红博主参与农耕文化主题的直播，带领观众参观传统村落、体验农事活动，讲解农耕文化知识，吸引大量年轻群体的关注。同时，与各大媒体合作，制作高质量的农耕文化纪录片、专题报道等，在电视、网络等媒体平台上播放，提高农耕文化的社会知名度和影响力，吸引更多社会资源投入农耕文化传承与研学资源开发中来。

注重农耕文化传承与保护，实现研学资源可持续，是一项长期而系统的工程，涉及社会的多个层面和领域。通过不断挖掘和整理农耕文化资源、加强农业文化遗产的保护和传承工作、深化与当地社区的互动和合作等多方面的持续努力，以及借助现代科技手段、加强国际交流、融合教育体系、强化宣传推广等创新举措，可以让农耕文化在农业研学中焕发出新的活力，为乡村振兴和文化传承注入源源不断的动力，使这一珍贵的文化瑰宝在新时代得到更好的传承和发展，造福子孙后代。

第十章
深化农耕文化赋能研学教育的对策建议

第一节 以农耕文化为研学教育构建丰富载体

以农耕文化为研学教育构建丰富载体，是一种富有实践性和创新性的教育方式。农耕文化作为中华民族传统文化的重要组成部分，蕴含着深厚的历史底蕴和丰富的教育资源，为研学教育提供了广阔的空间和丰富的素材。通过结合广西特色农耕文化，构建农耕文化课程体系、建强农耕文化师资队伍、创新农耕文化实践活动及打造农耕文化研学基地，不仅可以帮助研学者更好地了解和传承具有浓厚历史积淀的农耕文化，还可以提高研学者的实践能力和创新精神，促进研学者的全面发展。

一、构建农耕文化课程体系

一是明确课程目标。农耕文化课程目标，要做到引导研学者深入了解农耕文化的历史渊源、文化内涵和现代价值，培养研学者的文化自觉和文化自信，增强对农耕文化的认同感和归属感。明确农耕文化课程的知识目标、技能目标、课程思政与素质目标，通过课程培养研学者对农耕文化的兴趣和热爱，使其掌握基本的农耕技能，激发其继承和弘扬农耕文化的热情，培养研学者的环保意识和可持续发展理念，认识农耕文化与生态保护、资源利用的关系，培养研学者成为"一懂两爱"、能够为"三农"服务的青年人才。

二是设计课程内容。结合农耕历史与文化，融入农业职业技术教育的特点，设计农耕历史与文化、农业技术课程，介绍农耕文化的起源、发展和演变过程，以及不同地区、不同民族的农耕文化特色。结合农耕技术与工具，开设农耕技能与实践课程，教授研学者传统的农耕技术和工具使用方法，让研学者了解古代农耕的智慧和创造力。结合当地的民俗文化和节庆活动，开展丰富多彩的农耕文化体验研学活动，如种植、收割、加工等，让研学者亲身体验农耕的艰辛和乐趣，在轻松愉快的氛围中感受农耕文化的魅力。

三是创新教学方法。情境教学法，利用现代教育技术手段，如虚拟现实、增强现实、在线课程等，通过模拟农耕场景，打造沉浸式的农耕文化学习体验，拓宽研学者的学习渠道，设计角色扮演、游戏互动等教学活动，让研学者在情境中学习农耕知识和技能，提高研学者的研学兴趣和参与度。实践教学法，创新教学形式，让研学者在课堂上学习农业知识，同时组织研学实践活动，如农田实践、农事体验等，让研学者通过亲身体验，更深入地了解农耕文化的内涵和价值，在研学实践中深化对农耕文化的理解和体验。跨学科融合教学法，将农耕文化课程与专业学科相融合，形成跨学科的学习体系，通过多角度、多层面的学习，增强研学者对农耕文化的全面认识和理解。

四是打造特色亮点。广西地区拥有丰富多样的农耕文化资源和深厚的农耕传统，这为构建农耕文化课程体系提供了得天独厚的条件。结合广西特色农耕文化特色，一要充分挖掘广西地区的农耕文化资源，将地方特色融入课程中。例如，介绍广西特有的农作物、农具和农耕方式等，展现壮族先民们的智慧和勤劳，让研学者在学习中感受家乡文化的独特魅力，增强研学者的归属感和认同感。二要与广西地区的农业合作社、农业企业等建立合作关系，共同开发具有地域特色的农耕文化课程资源，例如，介绍广西特色农产品的加工方法和利用途径，如蔗糖制作、茶叶加工等。给予研学者更多的实践机会，通过实际操作，让研学者体验农产品的加工过程，了解农产品的经济价值和文化内涵，为培养研学者的农业素养和综合能力提供有力支持。

五是构建评价体系。建立评价和反馈机制，通过设置评价标准和评价方式，对研学者的研学成果进行量化评价和定性评价，例如，通过考试、作业等方式，检验研学者对农耕文化知识的掌握程度，通过观察研学者的实践表现、作品展示等方式，评价他们的实践能力等，对开设课程的研学成果进行客观、全面的评价。同时，建立反馈机制，通过问卷调查、访谈等方式，及时收集研学者和家长的意见和建议，不断完善和优化研学教育的方案和实施方式。

二、建强农耕文化师资队伍

建强农耕文化研学师资队伍具有深远的意义和重要的实践价值，是确保农耕文化研学活动高质量进行的关键，不仅能够推动农耕文化的传承与发展，更能深化研学者对农耕文化的理解和体验，培养他们的创新精神和实践能力。通过"五步走"，逐步建强农耕文化研学师资队伍，为农耕文化研学活动的开展提供有力的师资保障。

第一步，明确师资队伍的目标和要求。清晰定义农耕文化研学师资队伍的建设目标，即培养一批具备深厚农耕文化知识、研学实践经验以及教育教学方法的教师。同时，明确师资队伍的基本要求，包括专业知识、教学能力、组织协调能力、团队协作和创新能力等方面，提升师资队伍的整体素质和教育教学水平，为农耕文化研学事业的发展提供有力保障。

　　第二步，组建农耕文化专业师资团队。一是选拔具有农耕文化研学经验和教育教学能力的优秀教师，优先考虑具备农耕文化相关专业背景和丰富实践经验的人才，包括农业历史、农业技术、农村社会学等领域的专家学者，他们能够为团队提供专业的指导和支持，确保教学内容和研究方向的准度和深度。二是注重跨学科合作与交流，选拔其他学科的教师或研究者，共同开展教学研究和实践活动，有助于拓宽团队的研究视野，提升创新能力。三是鼓励团队成员之间的合作与交流，定期开展教学研讨、经验分享等活动，促进团队成员之间的知识共享和经验交流，提升整个团队的教学和研究水平。四是建立有效的激励机制，定期对团队成员的教学和研究成果进行评估，根据评估结果对在农耕文化研学工作中表现突出的教师进行表彰和奖励，调动教师的积极性。

　　第三步，开展农耕文化的培训和学习。定期组织农耕文化研学专题培训，邀请农耕文化领域的专家学者、资深研学导师等进行授课，分享最新的研究成果和教学经验。鼓励教师积极参与农耕文化研学实践活动，如农耕文化研学基地的实地考察、带领研学者开展农耕文化研学旅行、参与农耕文化研学项目的开发与实施等，提升教师的实践能力和教学水平。搭建农耕文化研学师资交流平台，定期组织农耕文化研学教学经验分享会、研讨会等活动，让教师分享自己的教学心得和体会，促进教师之间的交流与合作，共同提升教学质量。

　　第四步，开发优质农耕文化教学资源。组织专业的田野调查团队，深入农村地区，通过访谈、观察、记录、地方志及历史文献等渠道，收集农耕文化的资料，整合农耕文化研学资源，开发具有地方特色的农耕文化研学课程，丰富教学内容和形式。结合教育部门的课程要求，将农耕文化资源转化为具体的教学内容，制作农耕文化研学教学课件、视频等教学资源，为教师提供便捷的教学工具。建立农耕文化研学教学资源库，实现资源共享和优化配置，提高教学效果，向广大师生和社会公众推广农耕文化，提升农耕文化教育的影响力。

　　第五步，加强对外农耕文化交流合作，实现与广西地区其他高校、研学机构等的交流与合作，共同开展农耕文化研学教育的研究和探索，实现资源共享和优势互补，共同推进农耕文化研学事业的发展。开发具有广西农耕文化特色的旅游产品，如推出农耕文化研学主题线路、农耕体验游等，吸引国内外游客前来体验，提高广西农耕文化研学教育在国内外市场的知名度和影响力。定期组织教师团队参加国内外农耕文化研学教育的学术交流和研讨会，了解最新的研学理念和实践成果，培养教师的国际化视野。

三、创新农耕文化实践活动

　　创新农耕文化实践活动需要注重现代科技与传统农耕文化的融合，强调实地体验与教育意义的结合。近年来，广西在推动乡村振兴和农耕文化传承方面取得了显著成果，为了进一步弘扬农耕文化，提升公众对农耕文化的认识和认同，结合广西特色农耕文化，通过实行"农耕文化＋"模式，积极创新农耕文化实践活动助力研学教育，为农耕文化的传承和发展注入新的活力，让更多人感受农耕文化的魅力，更好地传承和弘扬农耕文化，推动农业现代化发展。

一是创新推行"农耕文化＋现代科技元素"模式。利用现代科技如 AR、VR、智能农业设备等，创建虚拟农耕文化授课场景、农耕体验活动等，使研学者在身临其境至授课场景或体验活动环节中，增加研学活动的趣味性和互动性。例如，开发农耕主题的虚拟现实游戏，让研学者在游戏中体验种植、收割等农耕活动，使用无人驾驶农机进行耕种、收割等，感受现代科技在农业中的应用。

二是创新推行"农耕文化＋特色研学路线"。深入挖掘农耕文化蕴含的优秀思想观念，结合当地农耕特色和文化底蕴，设计具有地方特色的农耕文化研学路线。例如，南宁市"农耕体验研学路线：美丽南方—大王滩（一粒米的故事）—古岳文化艺术村"，柳州市"走进农耕文化·回归田野自然研学路线：盛龙民俗文化旅游区—月也侗寨—融水七彩农场—柳城古砦仫佬族乡"，玉林市"岭南农耕文化研学路线：五彩田园—龙泉湖休闲生态园—博白桂牛·水牛小镇"。通过打造特色研学路线，培养研学者对农耕文化的认识和尊重，让研学者养成热爱劳动、珍爱粮食、尊重自然的良好习惯。

三是创新推行"农耕文化＋创意展示活动"。利用民俗节日、展览、比赛等形式，以图文并茂、视听结合的方式展示农耕文化的魅力。充分发挥广西民俗节日的优势，龙胜"梳秧节"、隆安"农具节"、南丹"敬牛节"等结合农耕文化进行研学创意展示活动，为研学者提供一场富有文化内涵和趣味性的体验之旅，同时促进广西传统农耕文化的传承和发展。充分用好地理标志产品，广西大力推动品牌强农、质量兴农，培育了一批全国知名"桂字号"农业品牌。组织开展南宁火龙果、横县茉莉花、梧州六堡茶、武鸣沃柑、百色芒果、荔浦芋、永福罗汉果等地理标志农产品展览，农产品包装创新设计大赛等，激发研学者研学之旅的创新潜能，同时也为农耕文化的传承注入新的活力。

四、打造农耕文化研学基地

打造农耕文化研学基地旨在传承和弘扬农耕文化，提供一个既能学习农业知识又能体验农耕文化的实践平台，促进理论与实践的结合。在研学基地建设和运营过程中，要注重与当地社区的互动与合作，促进文化保护与社区发展的良性循环。

一是规划基地选址与布局。充分利用高校、科研机构资源，如农业专业师资、农业实验室、农场等，为研学基地提供技术支持和实践场所。充分发挥地方政府、农业企业、农村社区优势，共建农耕文化研学项目，提供丰富的实践资源。充分考虑基地的地形地势、植被资源等因素，合理规划展示区、体验区、教育区等功能区域。以展示农耕文化魅力、传承农耕文化精神为核心目标，打造一个集文化传承、体验、休闲、娱乐为一体的综合性农耕文化研学基地。

二是加强品牌宣传与推广。推进农耕文化研学基地品牌建设，着力打造一批体系健全、特色鲜明、项目完善、竞争力强的农耕文化研学基地品牌，赋能乡村振兴，持续推动"文旅＋研学"业态发展，打造农耕文化研学基地"新名片"。加强与旅游机构、教育机构等合作，将研学基地纳入旅游线路和研学线路，制作高质量的宣传资料，包括宣传册、视频、海报等，展现研学基地的魅力和特色。拓宽宣传渠道，持续整合优质资源，结合"桂字号""广西好嘢"等农业品牌，借助新媒体平台如微博、微信、抖音等，进行线下线上联动推广，提高研学基地知名度。

三是持续完善改进与提升。完善基础设施，加强对基地道路、水电、通信等基础设施的建设和维护，确保基地的正常运营和游客的安全。优化服务设施，增设休息区、餐饮区、购物区等，为游客提供便利的服务设施，为游客提供更加舒适、便捷的旅游体验，提高游客满意度。提升服务质量，持续关注研学者的反馈和需求，根据实际情况对基地的功能区、研学产品、课程等进行改进与提升。加强员工培训，增强员工的服务意识和专业技能，为游客提供优质的服务体验。

第二节　以农耕文化为研学教育滋养精神体悟

农耕文化是悠久而深厚的文明积淀，不仅滋养了华夏大地，更是中华民族的精神源泉。在研学教育的推动下，广西以其独特的农耕文化背景，为研学者提供了一个理解、感悟并体验农耕文化魅力的平台，不仅能够让研学者深入了解农耕文化的历史内涵和现实价值，还能够滋养他们的精神世界，提升个人的综合素质和精神修养。

一、在研学教育中传承农耕文化的创新精神

进一步实现传统农耕文化的现代化转型，结合现代教育理念和技术手段，不断探索和创新研学教育的模式和方法，通过研学教育传承农耕文化的创新精神，为培养更多具有创新精神和实践能力的人才作出贡献。

要融合农耕文化与现代科技。利用现代科技手段对农耕文化进行数字化展示和传播，创新农耕文化传承方式，通过互联网和移动应用平台，建立农耕文

化的在线学习平台，让研学者通过平台了解农耕文化的历史渊源、传统技艺和现代科技应用等方面的知识。探索将现代科技应用于农耕实践，加强与高校、科研机构的合作，引入更多先进的科技设备和理念，如使用智能农具提高生产效率，利用大数据和物联网技术优化种植管理等。用现代科学技术，提升研学者的科学素养和创新实践能力。

要培养创新思维和创新能力。结合"农耕文化＋"模式，分阶段、分主题开展研学教育，为不同年龄阶段、不同行业的研学者提供相适应的研学体验，引导不同类型研学者围绕农耕文化，自主选择研学主题，通过团队协作、实践探究等方式解决问题，培养研学者的创新思维和团队协作能力。发挥"以赛促创"优势，加强研学教育与中国国际"互联网＋"大学生创新创业大赛、广西农村创业创新项目创意大赛、广西地理标志农产品创意美术公益大赛、青年春耕生产竞技大赛等比赛的融合，激励研学者发挥想象力和创造力，提出对农耕文化的新见解和新思路，设计具有实用价值和文化内涵的农产品或农业工具，提出具有创新性的保护和传承方案等，激发研学者创新思维和能力，促进农耕文化的传承和发展。

二、在研学教育中推广农耕文化的生动实践

进一步加强与旅游机构、研学机构的合作交流，结合农耕文化课程体系构建和品牌研学基地建设，扩大农耕文化知识和实践经验传播的受众面，通过研学教育推广农耕文化的生动实践，从而推动农耕旅游和生态农业的发展，为乡村振兴和农业现代化贡献力量。

着力打造研学新业态，从"研学游"升级为"研学优"。提升研学品质，优化农耕文化课程体系，加强研学实践教学，提高研学服务质量，提炼农耕文化核心价值和精髓，构建具有地方特色的农耕文化课程体系，不断提升研学活动的品质和效果。拓展研学领域，依托与旅游和研学机构的合作，推进研学基地品牌建设、开展跨区域研学活动，促进不同地区研学活动的互补和发展，为研学者提供更多元化的研学选择。推动研学新业态的打造和发展，实现从"研学游"到"研学优"的转变，促进农耕旅游和生态农业的发展。

创新开展研学大调研，阅读田间地头的"无字之书"。结合研学路线开展实地调研，充分发挥农耕文化传承人、农业专家的作用，引导研学者跳出课本、深入田间地头，在亲身体验中感受农耕文化的魅力，深入地了解农村和农业的发展状况和问题，增强社会责任感。进一步增强提出好问题的能力、发扬开拓创新的精神和端正脚踏实地的态度，挖掘农耕文化与现代社会的契合点，切实"把论文写在祖国大地上"，将研学成果应用到推广农耕文化的实践中去，为推动乡村振兴和农业现代化提供有益的参考和借鉴。

三、在研学教育中弘扬农耕文化的优秀文明

进一步挖掘广西农耕文化的内涵和价值，注重生态平衡和可持续发展，合理利用自然资源和保护生态环境，探索更多具有地方特色的农耕文化研学活动，通过研学教育弘扬农耕文化中优秀文明，为培养研学者的文化自信和传承农耕文明做出更大的贡献。

要深耕课堂，传承农耕智慧。将农耕文化作为研学教育体系的重要内容，结合广西农耕文化特色和职业技术教育，设置农耕文化、农业技术等相关课程，开展实地考察和实践活动，前往广西农耕文化区域，如龙胜龙脊梯田、隆安"那"文化之乡等，进行实地考察，了解当地农耕文化的历史渊源、现状与发展趋势，体验农耕文化的魅力和价值。鼓励研学者了解农耕文明的发展脉络，增强对传统农耕文化的认同感和自豪感，从中汲取优秀文明精神和智慧。

要创新形式，弘扬农耕文明。坚持以"两创"方针为指导，以"农耕文化＋"模式为抓手，将研学教育中农耕文化的优秀文明融入乡村产业，运用乡村产业的宝贵自然资源拓展乡村产业的发展空间，打造产业兴旺的新动能；打造品牌农耕文化研学基地和路线，挖掘农耕文化的优秀内涵，推动研学教育基地和路线向品牌化、特色化方向发展；推动优秀农耕文明融入大众生活，进一步倡导绿色、环保、可持续的农业生产方式，推动生态农业的发展，让大众感受到农耕文明的力量。

第三节　以农耕文化为研学教育提供丰富知识

一、深挖和开发农耕文化中丰富的科技知识

农耕文化蕴含着丰富的科技知识，是一笔宝贵的文化遗产。农耕文化中的农业知识和技术，是农民在长期实践中对自然规律的认知和利用的结果，这些知识和技术不仅体现了古代人们的智慧和勤劳，也为现代农业生产提供了重要的参考。深入挖掘和开发农耕文化中的科技知识，推动农耕科技知识与研学教育融合发展，为现代农业生产提供了新的思路和方向。

要深挖和开发农耕文化中科技知识的"经验之谈"。古人在长期的农耕实践中，一是积累了丰富的天文、地理、气象等科学知识，如通过观察星象确定农时，利用地形地貌规划农田布局，以及观察气象变化预测农作物的生长状况等，为农业生产提供重要的指导。二是创新了农业生产过程中的农具和农艺，如春秋战国时期铁犁牛耕的推广，使社会生产力得到显著提高，隋唐时期灌溉工具筒车和曲辕犁的发明，进一步推动了农业生产的发展，这些科学知识和创新方式不仅提高了农业生产效率，也丰富了农耕文化的科技知识体系。要坚持

农耕科技知识体系与研学教育体系的紧密结合，为现代农业科技的创新和发展提供借鉴和启示。

要深挖和开发农耕文化中农业著作的"知识之源"。农业著作提供了关于农业生产的历史记录，包含丰富的科技智慧和实践经验，是研究农业政策和社会经济的重要资料来源。如南北朝时期的《齐民要术》是一部综合性农学著作，涵盖了从作物栽培到农产品加工的多个领域，展现了古代农业生产的广阔图景，强调了农业生产与自然环境的关系，提倡因地制宜、因时制宜的农业理念。明代的《农政全书》是一部农业百科全书，总结了农业生产的各个方面，包括农田管理、水利建设、农业政策等，反映了当时农业生产的先进水平。要加强耕读教育与研学教育的联动，通过对农业著作的深入研究，挖掘更多的农业科技知识，为现代农业生产提供更为丰富的理论依据和实践指导。

二、深挖和开发农耕文化中丰富的耕作技能

农耕文化中蕴含着丰富的耕作技能，是农耕文化的核心要素之一。在农耕文化中，丰富的耕作技能是不可或缺的一部分，这些技能承载着农民们的辛勤和智慧，也是农耕文明得以延续和发展的关键。深入挖掘和开发农耕文化中的耕作技能，推动耕作技能与研学教育的创新发展，为培养新时代农业人才贡献力量。

要打开农耕技能研学新思路，打造农技"行走的课堂"。打破传统研学教育模式，从参观游览向动手实践转变，一是充分利用广西的农业资源和优势，加强研学基地与广西的农业示范区、特色农产品种植基地的合作，打造行走的耕作技能实践课堂，建立学习和掌握农业技术的资源共享平台。二是充分发挥高校、科研机构农业领域专家的优势，强化研学教育师资队伍，持续深化"农耕文化＋"模式，设计系列与农业技术相关的实践项目，挖掘传统耕作技能的特点和价值，结合现代农业技术，对传统耕作技能进行改进和创新，使其更好地适应现代农业生产的需求。

要推动农耕技能研学新发展，打造农技"人才的摇篮"。一是在研学教育中积极探索新时代农业人才的培养路径，加深创新教育理念与传统耕作技能的融合，通过组织各种实践活动和实验课程，让研学者亲身参与农业生产过程，了解耕作技能的实际应用和价值，同时，注重研学者的创新意识和团队协作能力等培养，为他们未来的职业发展打下坚实的基础。二是完善新时代农业人才的培养体系，加大对农业教育的投入力度，提高农业教育的质量和水平，加强农业科研和技术创新的力度，推动农业现代化进程，鼓励企业和社会组织参与农业教育和研学项目的组织和实施等，培养一批具备传统智慧和现代技术的新时代农业人才。

三、深挖和开发农耕文化中丰富的文化内涵

农耕文化蕴含着丰富的文化内涵，是中华民族宝贵的文化资源。农耕文化作为人类在长期的农业生产中形成的一种独特的风俗文化，承载了丰富的历史信息和深刻的文化内涵，具有深远的研学价值。

农耕文化在新时代焕发新风采。在现代农业领域，农耕文化的理念和技术被广泛应用于现代农业生产中，推动了农业产业的升级和转型。例如，通过引入传统农耕技术中的有机耕作、轮作等方式，可以有效提高土地的肥力和产量，同时减少化肥和农药的使用，保护生态环境。在研学教育领域，农耕文化也成为吸引研学者的重要资源。许多地方通过挖掘和展示农耕文化，打造具有地方特色的研学基地、产品，吸引了大量研学者观光、体验。在文化传承领域，农耕文化在全球化背景下也展现出了其独特的魅力。通过展示农耕文化的独特魅力和价值，让世界更加了解中华民族的传统文化和历史背景，促进文化的交流和传播。

农耕文化在新时代被赋予新要求。在中国式现代化的历史进程中，农耕文化面临着时代转型和作用重构，正从一种传统生产生活方式转化为农业强国建设中文明新传承的刚性需求、现代乡村治理中乡风新形态的建构使命，从生态文明维度来看对人与自然和谐共生提出了新的生存智慧要求，从技术文明维度来看对传统农技提出了新的创新传承要求，从社会文明维度来看对乡土伦理提出了新的村落治理要求，从美丽乡村维度来看对农业美学提出了新的沉浸体验要求。让农耕文化彰显时代气息、符合时代要求，通过研学这一载体来促进古老智慧与现代文明的创造性对话及创新性融合。

第十一章
深化农业研学赋能农耕文化的对策建议

第一节 | 以农业研学丰富农耕文化传播

研学作为一项将研究性学习和体验相结合的项目，具有文化展示和文化传播的双重功能。农业研学丰富农耕文化传播主要体现在以下三个方面。

一、丰富农耕文化的传播内容

为了实现研学育人的目的，让研学者了解农耕文化的深厚底蕴，农业研学机构通过对农业生产生活经验等农耕文化信息的广泛收集、深入挖掘和系统整理，梳理农耕文化的发展历程、历史变迁和重要事件，凝练农耕文化特色、凸显农耕文化差异性和独特性等，结合研学对象特点进行有针对性的传播，丰富了农耕文化的传播内容。

二、丰富农耕文化的传播渠道

为扩大影响力，农业研学机构一方面利用互联网和社交媒体平台等线上平台对农耕文化进行推广，发布农耕文化相关的文章、图片和视频，扩大农耕文化的传播范围和影响力；另一方面通过组织农耕文化主题的展览、讲座和演出等线下活动，吸引更多人关注和了解农耕文化；此外还通过与旅游、教育等相关行业进行跨界合作，共同推广农耕文化，提高农耕文化的知名度和影响力，极大丰富了传播渠道。

三、丰富农耕文化的传播主体

传统的农耕文化传播主体比较单一，多为老一辈的口口相传。他们通过日常生活、劳作、祭祀等方式，将自身的文化经验和知识传授给下一代，实现农耕文化的传播。而农业研学背景下的农耕文化传播主体是多样化的，不仅包括个人（文化传承人、研学导师、志愿者、爱好者），还有官方机构、民间组织、企业、媒体等，它们通过各种方式和渠道进行农耕文化的传播和交流，传播的主体大大丰富。

第二节 │ 以农业研学拓展农耕文化传承

随着大批农民涌入城镇，农耕文化保护传承的主体严重缺失，耕地闲置或被大量占用，农村土地质量持续下降，农耕文化赖以生存的环境日益恶化，长期影响中华民族的农耕文化话语体系以及价值认同受到前所未有的冲击。农耕文化遗产流失严重，许多传统的农耕用具正在消失，许多传统的农耕技艺面临着没落或失传的境遇，传统农耕文化中蕴含的价值观念、礼俗制度、道德规范等在城市化进程中逐渐消解，农耕文化的保护与传承面临着极大的威胁。文化的传承需要一定的形式和载体，研学无疑是新时代文化传承创新的重要载体之一。随着人们对素质教育重视程度的不断提高以及研学观念的进一步普及，研学在我国已然形成巨大的潜在市场，为具有地方性、区域性、民族性特点的农耕文化呈现内涵、展现魅力、吸引关注提供了广阔的空间。农业研学与农耕文化传承虽然是两个相对独立的系统，但是两者存在目标一致、内容共存、途径相通、资源共享、功能契合等共通性，在文化传承与文化育人方面构建了一个双向的耦合体系。农业研学是拓展农耕文化传承场域的重要途径，而农耕文化则可以为农业研学增值赋能。

一、拓展农耕文化传承的路径

农耕文化的特殊性使其在传承过程中存在许多局限。研学作为以发展素质教育为主的新型教育方式，以其展示手段灵活、主题多元等特点，成为传统文化传承、保护和发展的新途径。农业研学结合农耕文化特色，将传统农耕文化的弘扬与现代化教育手段相结合，通过设计农业研学特色主题，构建研学实践基地，开发研学课程，建立研学品牌，构建了农耕文化传承的新路径。通过发挥农业研学的生活教育功能，赋予农耕文化"教育＋旅行"的价值，使农耕文化融入学生的现代生活教育，对农耕文化在当代语境下建立代际传承链条、促进文化时间延续、扩大文化存留空间大有裨益。农业研学的开放性、生成性促进农耕文化传承方式的创新，也是对农耕文化传承路径进行扩展、重构和迭代共创的过程，必将开创新的文化传承空间、新的文化体验方式以及新的文化传播业态。

二、拓展农耕文化传承的渠道

农业研学作为一种将农业实践与科研、教育相结合的新型教育模式，为农耕文化的传承提供了丰富的渠道和可能性。如在农业研学的过程中，利用现代虚拟现实（VR）技术与增强现实（AR）技术，模拟农耕场景和农耕活动，为学生提供更加生动、直观的学习体验，让学生在虚拟环境中体验农耕文化，提高学习兴趣和参与度；开发农耕文化相关的 App、小程序等数字产品，方便学生随时随地了解和学习农耕文化，培养学生的学习兴趣，激发学生的求知欲，启迪学生的创新思维，拓展农耕文化传播渠道。农耕文化也在农业研学产品的进一步挖掘和利用中得到传承并焕发生机。

三、拓展农耕文化传承的场域

民族文化传承场域是文化主体传递和交换文化信息的关系场域，是开放的、公共的文化空间。农耕文化传承场域对于继承与发扬农耕文化具有重要价值。在农业研学背景下，通过构建农业研学体验平台，在传统农耕村落、现代农业示范区等具有丰富农耕文化资源的地区建立农业研学基地，为生活在城市的学生提供亲近农耕文化的场所；设计开发一系列互动式、实践性的农业研学课程，让学生通过参与耕种、收割、养殖等农事活动亲身感受农耕的艰辛和乐趣，并在实际操作中了解和学习农耕知识、技能和文化；在研学活动中穿插农耕文化讲座和展览，介绍农耕历史、农具、农事活动以及农耕文化的价值和意义，加深学生对农耕文化的理解和认同。

第三节 | 以农业研学促进农耕文化复兴

中共中央办公厅、国务院办公厅在 2017 年 1 月印发《关于实施中华优秀传统文化传承发展工程的意见》中提出，"文化是民族的血脉，是人民的精神家园。文化自信是更基本、更深层、更持久的力量"。要求"各级党委和政府要从坚定文化自信、坚持和发展中国特色社会主义、实现中华民族伟大复兴的高度，切实把中华优秀传统文化传承发展工作摆上重要日程"。农耕文化作为中华优秀传统文化的"根"和"魂"，是坚定历史自信、文化自信，建设文化强国的重要文化资源，也是建设农业强国的底气所在和自信之源。习近平总书记指出，"农耕文化是我国农业的宝贵财富，是中华文化的重要组成部分，不仅不能丢，而且要不断发扬光大"。促进农耕文化复兴是紧跟时代发展步伐、顺应科技创新潮流的必然要求，也是加快建设社会主义文化强国和农业强国的重要举措。农业研学需求的深层内动力源自精神文化的追求，这为我国农耕文化的复兴提供了巨大动力和机遇。

一、在农业研学中提高对农耕文化的认识和理解

农耕文化是中华民族宝贵的文化遗产和文化资源，蕴含了中华民族的历史记忆和文化基因。农业研学注重农耕文化内涵挖掘与文化业态打造，可充分发

挥其文化资源应有潜力，强化农业研学文化内核，夯实农耕文化复兴基础。以农业研学为契机，通过挖掘研学文化元素加强对农耕文化的研究和传播，从历史、现实、未来等不同时间维度，探索农耕文化的形成过程、发展变迁、未来走向；从地域、民族、国家等不同空间维度，比较农耕文化的多样性、共性、特色；从思想、艺术、道德等不同内容维度，阐释农耕文化的内涵意义、价值取向、审美标准；通过研学课程开发等环节传递农耕文化，通过研学导师培育等方式传播农耕文化，在满足研学者对农耕文化体验的同时创新农耕文化的振兴路径，促进农耕文化复兴。

二、在农业研学中促进农耕文化的传承和发展

注重实践与养成、需求与供给、形式与内容相结合，把农耕文化内涵更好更多地融入农业研学各方面。结合时代特征和社会需求，充分发挥农耕文化资源优势，有效克服农耕文化的不足和弊端，创造出符合时代精神和民族特色的新型农耕文化。如通过研学文化信息编码提升农耕文化复兴产品质量，通过研学文化要义传播优化农耕文化复兴环境氛围，通过研学文化信息解读拓展农耕文化复兴需求。

三、在农业研学中放大农耕文化的影响力和吸引力

农业研学促进了农耕文化在不同层面之间的交流和合作，促进了农耕文化复兴。在国内层面，各地区、各民族、各界别之间的交流和合作促进了农耕文化的共享和传承，激发了农耕文化的创新活力，推动了农耕文化的发展和繁荣；在国际层面，与其他国家、地区、组织之间的交流和合作，促进了农耕文化的交流互鉴和共建共享，增进了农耕文化的影响力和吸引力。

图书在版编目（CIP）数据

农耕文化与农业研学研究／许忠裕，黎丽菊，邓国
仙主编. -- 北京 ：中国农业出版社，2025. 8. -- ISBN
978-7-109-33525-7

Ⅰ. F329；F592

中国国家版本馆 CIP 数据核字第 20250JN502 号

农耕文化与农业研学研究
NONGGENG WENHUA YU NONGYE YANXUE YANJIU

中国农业出版社出版
地址：北京市朝阳区麦子店街 18 号楼
邮编：100125
责任编辑：潘洪洋
版式设计：王　晨　　责任校对：吴丽婷
印刷：中农印务有限公司
版次：2025 年 8 月第 1 版
印次：2025 年 8 月北京第 1 次印刷
发行：新华书店北京发行所
开本：700mm×1000mm　1/16
印张：10.25
字数：195 千字
定价：78.00 元